#2주+2주
#쉽게
#빠르게
#재미있게

한자 전략
완성

한자 전략
시리즈 구성 1단계~6단계

8급
1단계 A, B

7급 II
2단계 A, B

7급
3단계 A, B

6급 II
4단계 A, B

6급
5단계 A, B

5급 II
6단계 A, B

심화 학습

심화 한자로 익히는
교과 학습 한자어

급수별 배정 한자 수록
한자 쓰기장

실제 시험 대비
모의 평가

쉽게, 빠르게, 재미있게!

부모님과 함께하는 한자 전략

한자의 모양·음(소리)·뜻을 빠짐없이 완벽 습득

  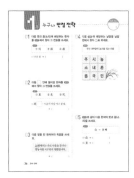

- 한 번에 한자를 떠올릴 수 있게 도와줄 그림과 빈칸 채우기 활동으로 한자를 기억할 수 있도록 지도해 주세요.

- 다양한 문제를 풀며 반복 학습을 할 수 있게 해 주세요.

뜻부터 활용까지 알찬 한자어 학습

- 한자어와 관련된 그림을 보며 한자어의 의미를 떠올리도록 지도해 주세요.

- 한자어가 활용된 문장을 함께 읽으며 생활 속 어휘 실력을 키워 주세요.

기출 유형부터 창의력 UP 신유형 문제까지!

- 다양한 급수 시험 유형 문제를 통해 효율적으로 시험을 대비할 수 있도록 지도해 주세요.

- 만화, 창의·융합·코딩, 신유형·신경향·서술형 문제를 풀며 재미있게 공부하도록 이끌어 주세요.

Chunjae
Makes
Chunjae

▼

[한자 전략]

편집개발   권민희, 최은혜, 정환진
디자인총괄   김희정
표지디자인   윤순미, 김주은
내지디자인   박희춘, 유보경
삽화   권순화, 김수정, 이예지, 장현아
제작   황성진, 조규영

발행일   2023년 3월 1일 초판 2023년 3월 1일 1쇄
발행인   (주)천재교육
주소   서울시 금천구 가산로9길 54
신고번호   제2001-000018호
고객센터   1577-0902

한자
전략

3단계 B 7급 ②

전편

이 책의 **구성과 특징** — 2주 + 2주 완성

주 도입 **만화**

재미있는 만화를 보면서 한 주에 학습할 한자를
미리 만나 볼 수 있습니다.

급수 한자 **돌파 전략 ❶, ❷**

급수 한자 돌파 전략 ❶에서는 주제별로 뽑은
급수 한자의 모양·음(소리)·뜻을 학습합니다.

급수 한자 돌파 전략 ❷에서는 문제를 풀며
학습 내용을 확인합니다.

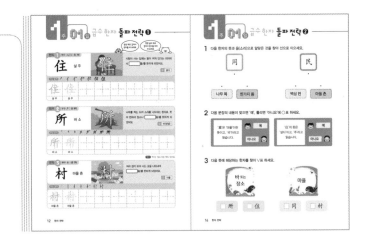

급수 한자어 **대표 전략 ❶, ❷**

급수 한자어 대표 전략 ❶에서는 1, 2일차에서
학습한 한자가 포함된 대표 한자어를 학습합니다.

급수 한자어 대표 전략 ❷에서는 문제를 풀며
한자어의 뜻과 활용을 복습합니다.

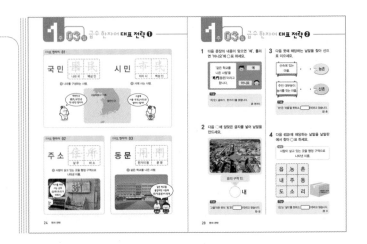

급수 시험 체크 전략 ❶, ❷

급수 시험 체크 전략 ❶은 시험에 꼭 나오는
유형을 모아 학습합니다.

급수 시험 체크 전략 ❷에서는 실전 문제를
풀어 보며 시험을 대비합니다.

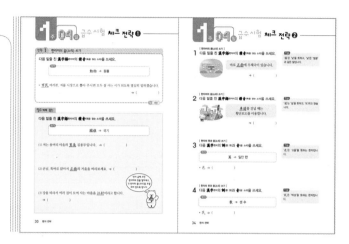

주 마무리

누구나 만점 전략
누구나 풀 수 있는 쉬운 문제를 풀며 학습 자신감을
높일 수 있습니다.

창의·융합·코딩 전략 ❶, ❷
융·복합적 사고력을 길러 주는 재미있는 문제를
만날 수 있습니다.

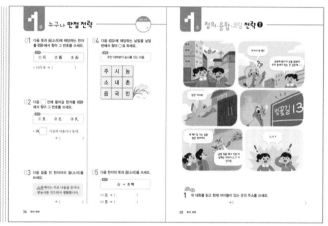

권 마무리

전·후편 마무리 전략
만화를 보며 학습을 재미있게 마무리할 수
있게 하였습니다.

신유형·신경향·서술형 전략
문제 해결력을 기를 수 있는 새로운 문제들을
단계별로 제시하였습니다.

적중 예상 전략 1~2회
총 2회로 실제 급수 시험을 준비할 수 있도록
구성하였습니다.

교과 학습 한자어 전략
교과 학습 시 자주 만나는 한자어와 5급 심화
한자를 함께 학습할 수 있도록 구성하였습니다.

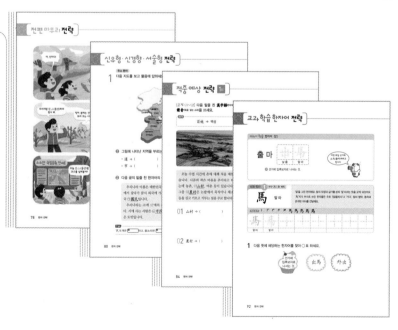

이 책의 **차례**

7급 배정 한자 총 150자

은 3단계 B 전편 학습 한자, 은 후편 학습 한자입니다.

ㄱ				
家	歌	間	江	車
집 가	노래 가	사이 간	강 강	수레 거 | 수레 차
空	工	教	校	九
빌 공	장인 공	가르칠 교	학교 교	아홉 구
口	國	軍	金	旗
입 구	나라 국	군사 군	쇠 금 | 성 김	기 기
記	氣	男	南	內
기록할 기	기운 기	사내 남	남녘 남	안 내
女	年	農	答	大
여자 녀	해 년	농사 농	대답 답	큰 대
道	冬	洞	東	動
길 도	겨울 동	골 동 | 밝을 통	동녘 동	움직일 동
同	登	來	力	老
한가지 동	오를 등	올 래	힘 력	늙을 로
六	里	林	立	萬
여섯 륙	마을 리	수풀 림	설 립	일만 만

每	面	命	名	母
매양 매	낮 면	목숨 명	이름 명	어머니 모
木	文	門	問	物
나무 목	글월 문	문 문	물을 문	물건 물
民	方	百	白	夫
백성 민	모 방	일백 백	흰 백	지아비 부
父	北	不	四	事
아버지 부	북녘 북 | 달아날 배	아닐 불	넉 사	일 사
算	山	三	上	色
셈 산	메 산	석 삼	윗 상	빛 색
生	西	夕	先	姓
날 생	서녘 서	저녁 석	먼저 선	성 성
世	所	小	少	手
인간 세	바 소	작을 소	적을 소	손 수
數	水	時	市	食
셈 수	물 수	때 시	저자 시	밥 / 먹을 식

			ㅇ	
植	室	心	十	安
심을 식	집 실	마음 심	열 십	편안 안
語	然	午	五	王
말씀 어	그럴 연	낮 오	다섯 오	임금 왕
外	右	月	有	育
바깥 외	오를 / 오른(쪽) 우	달 월	있을 유	기를 육
邑	二	人	一	日
고을 읍	두 이	사람 인	한 일	날 일
入	字	自	子	長
들 입	글자 자	스스로 자	아들 자	긴 장
場	電	前	全	正
마당 장	번개 전	앞 전	온전 전	바를 정
弟	祖	足	左	主
아우 제	할아버지 조	발 족	왼 좌	임금 / 주인 주
住	中	重	地	紙
살 주	가운데 중	무거울 중	땅 지	종이 지

直	ㅊ 川	千	天	靑
곧을 직	내 천	일천 천	하늘 천	푸를 청
草	寸	村	秋	春
풀 초	마디 촌	마을 촌	가을 추	봄 춘
出	七	ㅌ 土	ㅍ 八	便
날 출	일곱 칠	흙 토	여덟 팔	편할 편 | 똥오줌 변
平	ㅎ 下	夏	學	韓
평평할 평	아래 하	여름 하	배울 학	한국 / 나라 한
漢	海	兄	花	話
한수 / 한나라 한	바다 해	형 형	꽃 화	말씀 화
火	活	孝	後	休
불 화	살 활	효도 효	뒤 후	쉴 휴

주소 한자

❶ 住 살 주　　❷ 所 바 소　　❸ 村 마을 촌　　❹ 民 백성 민　　❺ 同 한가지 동
❻ 國 나라 국　　❼ 道 길 도　　❽ 市 저자 시　　❾ 洞 골 동 | 밝을 통　❿ 邑 고을 읍
⓫ 面 낯 면　　⓬ 里 마을 리

점선 위로 겹쳐서 한자를 써 보세요.

연한 글씨 위로 겹쳐서 한자를 따라 써 보세요.

한자 ❶ 부수 人(亻) | 총 7획

住 살 주

사람이 사는 집에는 불이 켜져 있다는 의미에서 ☐을/를 뜻하게 되었어요.

답 살다

쓰는 순서 ／ 亻 亻 亻 仁 住 住

住 住
살 주 / 살 주

모양이 비슷한 한자 主(임금 / 주인 주)

한자 ❷ 부수 戶 | 총 8획

所 바 소

나무를 찍는 도끼 소리를 나타내는 한자로, 뜻이 변하여 장소나 ☐을/를 뜻하게 되었어요.

답 바(방법)

쓰는 순서 ´ 彡 彡 彐 戶 戶 所 所 所

所 所
바 소 / 바 소

참고 '所'는 '장소'라는 뜻도 있어요.

한자 ❸ 부수 木 | 총 7획

村 마을 촌

여러 집이 모여 사는 곳을 나타내어 ☐을/를 뜻하게 되었어요.

답 마을

쓰는 순서 一 十 才 木 村 村 村

村 村
마을 촌 / 마을 촌

---

1 다음 한자의 뜻과 음(소리)을 찾아 선으로 이으세요.

 나무 목

 마을 촌

 살 주

 바 소

2 다음 문자 대화의 밑줄 친 뜻과 음(소리)에 해당하는 한자를 그림에서 찾아 ○표 하세요.

점선 위로 겹쳐서 한자를 써 보세요.

연한 글씨 위로 겹쳐서 한자를 따라 써 보세요.

한자 **4** 부수 氏 | 총 5획

民 백성 민

임금의 다스림을 받는 사람들을 일컫는 한자로 　　　　을/를 뜻하게 되었어요.

답 백성

쓰는 순서 　フ　コ　尸　尸　民

民	民						
백성 민	백성 민						

한자 **5** 부수 口 | 총 6획

同 한가지 동

모든 사람이 같은 말을 한다는 데에서 　　　　(이)라는 뜻이 생겼어요.

답 한가지

쓰는 순서 　丨　冂　冂　同　同　同

同	同						
한가지 동	한가지 동						

한자 **6** 부수 口 | 총 11획

國 나라 국

창을 들고 성벽을 경비하는 모습을 나타낸 한자로 　　　　을/를 뜻해요.

답 나라

쓰는 순서 　丨　冂　冂　冂　冋　冋　冋　國　國　國　國

國	國						
나라 국	나라 국						

3 그림에서 한자 '한가지 동'을 따라가 미로를 탈출하세요.

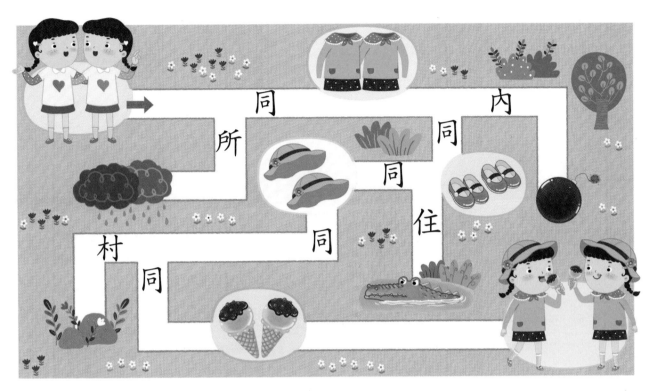

4 다음 한자의 뜻이나 음(소리)으로 알맞은 것을 찾아 ∨표 하세요.

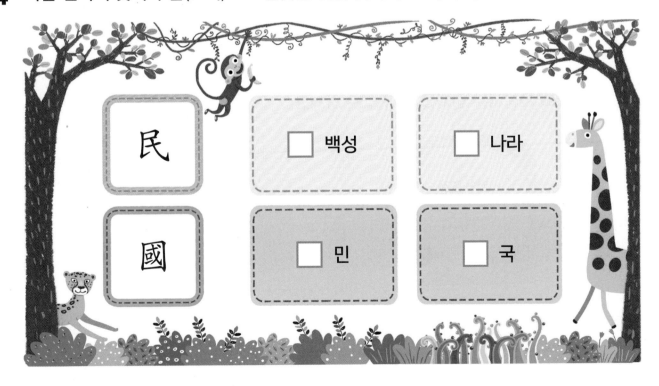

1 다음 한자의 뜻과 음(소리)으로 알맞은 것을 찾아 선으로 이으세요.

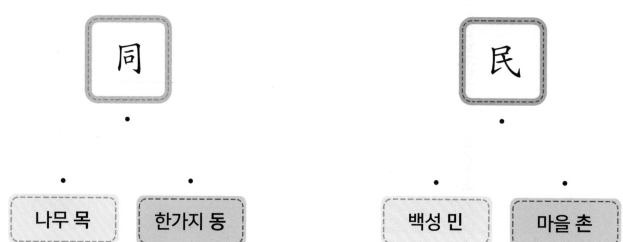

同

民

• • • •

나무 목 　 한가지 동 　　　 백성 민 　 마을 촌

2 다음 문장의 내용이 맞으면 '예', 틀리면 '아니요'에 ○표 하세요.

'國'은 '마을'이란 뜻이고, '국'이라고 읽습니다.

예
아니요

'住'의 뜻은 '살다'이고, '주'라고 읽습니다.

예
아니요

3 다음 뜻에 해당하는 한자를 찾아 ∨표 하세요.

바 또는 장소

마을

☐ 所 　 ☐ 住 　　　 ☐ 同 　 ☐ 村

▶정답 2쪽

4 다음 밑줄 친 한자의 음(소리)으로 알맞은 것을 찾아 ○표 하세요.

> 이런 <u>村</u>에까지 와서 한글을 가르쳐 주시니,
> 얼마나 고마운지 모르겠어요.

5 다음 밑줄 친 낱말에 해당하는 한자를 보기 에서 찾아 그 번호를 쓰세요.

보기

① 同   ② 國

➡ (   )

6 다음 한자 카드에 들어갈 한자나 한자의 뜻과 음(소리)을 빈칸에 쓰세요.

한가지 동

점선 위로 겹쳐서 한자를 써 보세요.

연한 글씨 위로 겹쳐서 한자를 따라 써 보세요.

한자 ❶ 부수 辵(辶) | 총 13획

道 길 도

사람이 가야 할 올바른 길이라는 의미에서 [   ](이)나 '도리'를 뜻하게 되었어요.

답 길

쓰는 순서 ` 丷 丷 ⺌ 广 首 首 首 首 道 道 道

道 道 [   ]
길 도 | 길 도

한자 ❷ 부수 巾 | 총 5획

市 저자 시

시장에서 왁자지껄한 소리가 울려 퍼지는 모습을 나타낸 한자로 [   ]을/를 뜻해요.

답 시장

쓰는 순서 ` 亠 ㅜ 亣 市

市 市 [   ]
저자 시 | 저자 시

참고 '저자'는 오늘날의 '시장'과 비슷한 뜻이에요.

한자 ❸ 부수 水(氵) | 총 9획

洞 골 동 | 밝을 통

사람들이 하천을 중심으로 한데 모여 사는 모습에서 ❶[   ]을/를 뜻하게 되었어요. '밝다'라는 뜻일 때는 ❷[   ](이)라고 읽어요.

답 ❶ 골(마을) ❷ 통

쓰는 순서 ` 丶 丶 氵 汀 洞 洞 洞 洞 洞

洞 洞 [   ]
골 동 | 밝을 통 | 골 동 | 밝을 통

모양이 비슷한 한자 同(한가지 동)

---

1 다음 한자의 뜻과 음(소리)으로 알맞은 것을 찾아 선으로 이으세요.

洞 ·

道 ·

· 길 도

· 골 동 |
밝을 통

2 다음 한자의 뜻에 해당하는 사진 또는 그림에 모두 ∨표 하세요.

市

점선 위로 겹쳐서 한자를 써 보세요.

연한 글씨 위로 겹쳐서 한자를 따라 써 보세요.

한자 ④ 부수 邑 | 총 7획

邑 고을 읍

사람이 성(城) 앞에서 무릎 꿇은 모습으로 [ ]을/를 뜻하게 되었어요.

답 고을

쓰는 순서 ㅣ ㅁ ㅁ 무 뮤 묘 邑

邑	邑						
고을 읍	고을 읍						

한자 ⑤ 부수 面 | 총 9획

面 낯 면

사람의 눈, 코, 입 등의 얼굴을 표현한 한자로 [ ]을/를 뜻해요.

답 낯(얼굴)

쓰는 순서 一 丆 丆 币 而 而 面 面

面	面						
낯 면	낯 면						

참고 '面'은 '지방 행정 구역'이라는 뜻도 있어요.

한자 ⑥ 부수 里 | 총 7획

里 마을 리

농사를 지을 밭이 있는 곳에 사람들이 모여 산다는 데서 [ ]을/를 뜻하게 되었어요.

답 마을

쓰는 순서 ㅣ ㅁ ㅁ 日 旦 甲 里

里	里						
마을 리	마을 리						

3 다음은 그림 속 주소에 들어가는 글자를 한자로 바꾼 것입니다. 한자에 해당하는 뜻을 바르게 연결한 것에 ○표 하세요.

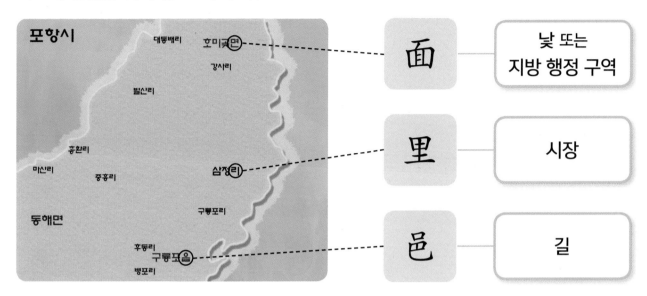

面 — 낮 또는 지방 행정 구역

里 — 시장

邑 — 길

4 다음 그림의 ○로 표시된 부분에 해당하는 한자를 찾아 ∨표 하세요.

☐ 面   ☐ 里   ☐ 村

1 다음 뜻과 음(소리)에 해당하는 한자를 보기 에서 찾아 그 번호를 쓰세요.

> 보기
>
> ① 洞   ② 里   ③ 面   ④ 市

(1) 낯 면 ➡ (   )

(2) 골 동 또는 밝을 통 ➡ (   )

2 다음 한자의 뜻과 음(소리)을 쓰세요.

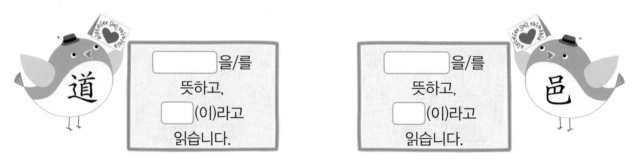

道 [   ]을/를 뜻하고, [   ](이)라고 읽습니다.

[   ]을/를 뜻하고, [   ](이)라고 읽습니다. 邑

3 사다리를 타고 내려가 뜻과 음(소리)이 바르게 이어진 한자에 ○표 하세요.

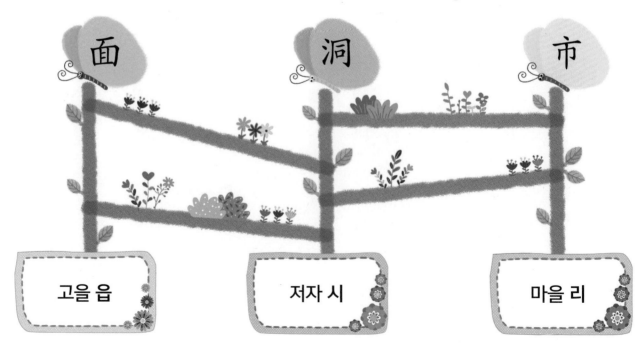

面   洞   市

고을 읍   저자 시   마을 리

4 다음 밑줄 친 낱말에 해당하는 한자에 ∨표 하세요.

<u>마을</u> 여러 개가 모여서 면이나 읍이 됩니다.

☐ 市   ☐ 里

5 다음 문장의 내용이 맞으면 '예', 틀리면 '아니요'에 ○표 하세요.

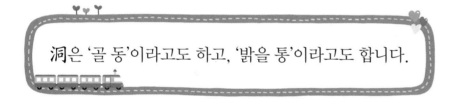
洞은 '골 동'이라고도 하고, '밝을 통'이라고도 합니다.

예

아니요

6 다음 그림이 나타내는 한자를 찾아 선으로 이으세요.

· 市

· 道

대표 한자어 | 01 |

국민 | 國 民 |
나라 국 | 백성 민

뜻 나라를 구성하는 사람.

시민 | 市 民 |
저자 시 | 백성 민

뜻 시에 사는 사람.

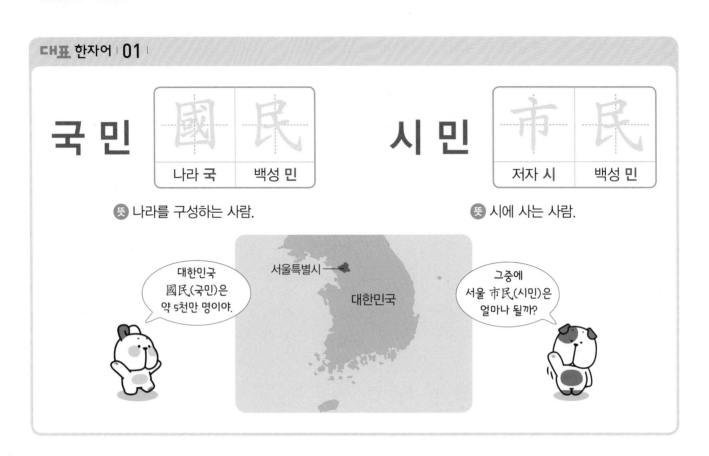

대표 한자어 | 02 |

주소 | 住 所 |
살 주 | 바 소

뜻 사람이 살고 있는 곳을 행정 구역으로 나타낸 이름.

대표 한자어 | 03 |

동문 | 同 門 |
한가지 동 | 문 문

뜻 같은 학교를 나온 사람.

대표 한자어 04

농촌

農	村
농사 농	마을 촌

뜻 주민 대부분이 농사를 짓는 마을.

農村(농촌)에는 커다란 논밭이 많아.

대표 한자어 05

산촌

山	村
메 산	마을 촌

뜻 산속에 있는 마을.

강촌

江	村
강 강	마을 촌

뜻 강가에 있는 마을.

산속에 있는 마을을 山村(산촌) 이라고 해.

그럼 강가에 있는 마을은 江村(강촌) 이라고 하겠네.

대표 한자어 | 06 |

동 리

洞	里
골 동 | 밝을 통	마을 리

뜻 시골의 마을이나 동네.

이 장

里	長
마을 리	긴 장

뜻 마을을 대표하여 일을 맡아보는 사람.

이 洞里(동리)를 대표하는 사람이 누구인가요?

아, 이 마을 里長(이장)님을 찾으시군요.

참고 '里'가 낱말의 맨 앞에 올 때는 '이'라고 읽어요.

대표 한자어 | 07 |

읍 내

邑	内
고을 읍	안 내

뜻 읍의 구역 안.

邑内(읍내)에 큰 사거리가 있어.

대표 한자어 | 08 |

시 장

市	場
저자 시	마당 장

뜻 여러 가지 상품을 사고파는 곳.

市場(시장)은 마트보다 신기한 물건들이 많아.

대표 한자어 09

정 면

正	面
바를 정	낯 면

뜻 똑바로 마주 보이는 면.

正面(정면)에 보이는 큰 건물이 청와대야.

대표 한자어 10

차 도

車	道
수레 거 / 차	길 도

뜻 자동차만 다니게 한 길.

수 도

水	道
물 수	길 도

뜻 관을 통하여 물을 보내 주는 장치.

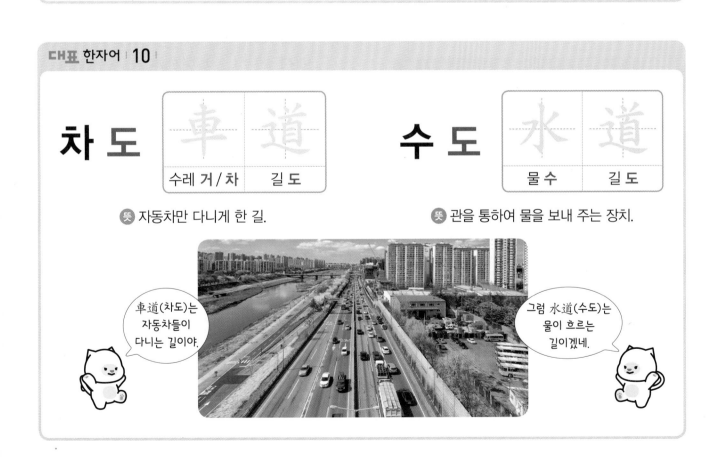

車道(차도)는 자동차들이 다니는 길이야.

그럼 水道(수도)는 물이 흐르는 길이겠네.

1 다음 문장의 내용이 맞으면 '예', 틀리면 '아니요'에 ◯표 하세요.

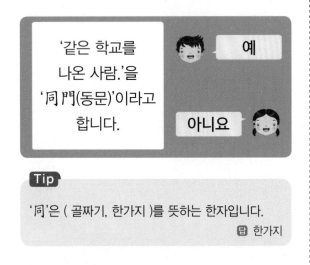

> '같은 학교를 나온 사람.'을 '同門(동문)'이라고 합니다.
>
> 예
>
> 아니요

Tip

'同'은 (골짜기, 한가지)를 뜻하는 한자입니다.

답 한가지

2 다음 ◌에 알맞은 글자를 넣어 낱말을 만드세요.

읍의 구역 안.

◯ 내

Tip

'邑'은 '고을'을 뜻하고, ☐(이)라고 읽습니다.

답 읍

3 다음 뜻에 해당하는 낱말을 찾아 선으로 이으세요.

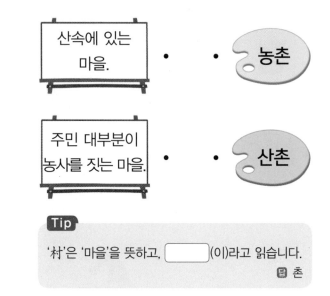

> 산속에 있는 마을. •   • 농촌
>
> 주민 대부분이 농사를 짓는 마을. •   • 산촌

Tip

'村'은 '마을'을 뜻하고, ☐(이)라고 읽습니다.

답 촌

4 다음 설명에 해당하는 낱말을 낱말판에서 찾아 ◯표 하세요.

설명

사람이 살고 있는 곳을 행정 구역으로 나타낸 이름.

읍	농	촌
내	주	동
도	소	리

서울특별시 금천구
디지털9길 54

Tip

'住'는 '살다'를 뜻하고, ☐(이)라고 읽습니다.

답 주

5 다음 뜻에 해당하는 낱말을 찾아 ○표 하세요.

똑바로 마주 보이는 면.

강촌

정면

Tip

'正面'의 '面'은 [ ]을(를) 뜻하는 한자입니다.

답 낯(얼굴)

6 다음 ◌에 공통으로 들어갈 말을 한자로 바르게 나타낸 것에 ∨표 하세요.

• 수◌가 고장 나서 물이 계속 흐릅니다.

• 차가 없다고 차◌로 들어서면 안 됩니다.

☐ 道   ☐ 洞

Tip

'道'는 '길'을 뜻하고, [ ](이)라고 읽습니다.

답 도

7 다음 낱말 퍼즐을 푸세요.

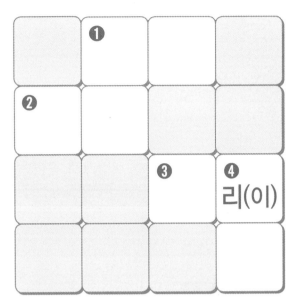

가로 열쇠

❶ 여러 가지 상품을 사고파는 곳.
❷ 나라를 구성하는 사람.
❸ 시골의 마을이나 동네.

세로 열쇠

❶ 시에 사는 사람.
❹ 마을을 대표하여 일을 맡아보는 사람.

Tip

'洞里'와 '里長'에서 '里'는 같은 한자이지만 '리'라고 읽기도 하고, [ ](이)라고 읽기도 합니다.

답 이

전략 1 ⟩ 한자어의 음(소리) 쓰기

다음 밑줄 친 漢字語한자어의 讀音(독음: 읽는 소리)을 쓰세요.

> **보기**
>
> 動物 → 동물

• **市民** 여러분, 저를 시장으로 뽑아 주시면 모두 잘 사는 시가 되도록 열심히 일하겠습니다.

　　　　　　　　　　　　　　　　　　　　　　　　→ (　　　　　　　　)

답 시민

필수 예제 | 01 |

다음 밑줄 친 漢字語한자어의 讀音(독음: 읽는 소리)을 쓰세요.

> **보기**
>
> 國旗 → 국기

(1) 저는 용머리 마을의 **里長** 김용두입니다. → (　　　　　　)

(2) 손님, 똑바로 앉아서 **正面**의 거울을 바라보세요. → (　　　　　)

> 먼저 글에 쓰인 한자어의 뜻을 알아내고, 각 한자의 음(소리)을 조합하여 읽도록 합니다.

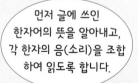

(3) 강을 따라서 여러 집이 모여 사는 마을을 **江村**이라고 합니다.

　　　　　　　　　　　→ (　　　　　　)

전략 2 한자의 뜻과 음(소리) 쓰기

다음 漢字한자의 訓(훈: 뜻)과 音(음: 소리)을 쓰세요.

보기

十 ➡ 열 **십**

• 面 ➡ (   )

답 | 낯 면

필수예제 | 02 |

다음 漢字한자의 訓(훈: 뜻)과 音(음: 소리)을 쓰세요.

보기

紙 ➡ 종이 **지**

(1) 市 ➡ (   )

(2) 國 ➡ (   )

(3) 道 ➡ (   )

한자는 글자마다
뜻과 음(소리)이 있어서,
한자의 뜻과 음(소리)을 모두
잘 기억해야 합니다.

전략 3 제시된 한자어 찾기

다음 밑줄 친 漢字語한자어를 보기에서 찾아 그 번호를 쓰세요.

보기

① 江村   ② 山村   ③ 正面   ④ 農村

• 할머니께서는 버스도 자주 다니지 않는 <u>산촌</u>에 사십니다. ➡ (   )

답 ②

필수 예제 03

다음 밑줄 친 漢字語한자어를 보기에서 찾아 그 번호를 쓰세요.

보기

① 同門   ② 邑內   ③ 住所   ④ 水道

(1) <u>수도</u>가 없던 시절에는 우물물을 길어다 먹었습니다. ➡ (   )

(2) 오늘은 장날이어서 <u>읍내</u>에 사람이 많습니다. ➡ (   )

글에 쓰인 낱말의 뜻을 알아내고, 그 뜻에 해당하는 한자어를 찾도록 합니다.

(3) 택배를 이용할 때는 <u>주소</u>가 맞는지 꼭 확인해야 합니다. ➡ (   )

전략 4 뜻과 음(소리)에 맞는 한자 찾기

다음 訓(훈: 뜻)과 音(음: 소리)에 맞는 漢字한자를 보기 에서 찾아 그 번호를 쓰세요.

> **보기**
>
> ① 住   ② 國   ③ 所   ④ 民

● 바 소 ➡ (   )

답 ③

필수 예제 04

다음 訓(훈: 뜻)과 音(음: 소리)에 맞는 漢字한자를 보기 에서 찾아 그 번호를 쓰세요.

> **보기**
>
> ① 里   ② 住   ③ 洞   ④ 邑

(1) 살 주 ➡ (   )

(2) 고을 읍 ➡ (   )

여러 가지 뜻과 음(소리)을 지닌 한자에 유의하며 문제를 풀도록 합니다.

(3) 골 동 | 밝을 통 ➡ (   )

[한자어의 음(소리) 쓰기]

1 다음 밑줄 친 漢字語한자어의 讀音(독음: 읽는 소리)을 쓰세요.

바로 <u>正面</u>에 우체국이 있습니다.

➡ (   )

Tip
'面'은 '낯'을 뜻하고, '낯'은 '얼굴'과 같은 말입니다.

[한자어의 음(소리) 쓰기]

2 다음 밑줄 친 漢字語한자어의 讀音(독음: 읽는 소리)을 쓰세요.

<u>車道</u>를 건널 때는 횡단보도를 이용합니다.

➡ (   )

Tip
'道'는 '길'을 뜻하고, '도'라고 읽습니다.

[한자의 뜻과 음(소리) 쓰기]

3 다음 漢字한자의 訓(훈: 뜻)과 音(음: 소리)을 쓰세요.

> **보기**
>
> 萬 ➡ 일만 **만**

• 邑 ➡ (   )

Tip
'邑'은 '고을'을 뜻하는 한자입니다.

[한자의 뜻과 음(소리) 쓰기]

4 다음 漢字한자의 訓(훈: 뜻)과 音(음: 소리)을 쓰세요.

> **보기**
>
> 數 ➡ 셈 **수**

• 民 ➡ (   )

Tip
'民'은 '백성'을 뜻하는 한자입니다.

[제시된 한자어 찾기]

5 다음 밑줄 친 漢字語한자어를 보기 에서 찾아 그 번호를 쓰세요.

보기

① 市場   ② 洞里   ③ 農村   ④ 同門

• 농촌에는 혼자 사는 노인들이 많습니다.

→ (   )

Tip
'농촌'은 '주민 대부분이 농사를 짓는 마을.'을 뜻합니다.

[뜻과 음(소리)에 맞는 한자 찾기]

6 다음 訓(훈: 뜻)과 音(음: 소리)에 맞는 漢字한자를 보기 에서 찾아 그 번호를 쓰세요.

보기

① 面   ② 所   ③ 住   ④ 洞

• 바 소 → (   )

Tip
'所'는 '바(방법)' 또는 '장소'를 뜻하는 한자입니다.

[제시된 뜻에 맞는 한자어 찾기]

7 다음 뜻에 맞는 漢字語한자어를 보기 에서 찾아 그 번호를 쓰세요.

보기

① 市民   ② 邑內   ③ 里長   ④ 國民

• 나라를 구성하는 사람. → (   )

Tip
'국민'은 '나라 국'과 '백성 민'이 합쳐진 낱말입니다.

누구나 만점 전략

01 다음 뜻과 음(소리)에 해당하는 한자를 보기 에서 찾아 그 번호를 쓰세요.

보기

①同   ②國   ③面

• 나라 국 ➡ (   )

02 다음 ☐ 안에 들어갈 한자를 보기 에서 찾아 그 번호를 쓰세요.

보기

①里   ②邑   ③民

• 洞☐ : 시골의 마을이나 동네.

➡ (   )

03 다음 밑줄 친 한자어의 음(소리)을 쓰세요.

> <u>山村</u>에서는 주로 나물을 뜯거나 밭농사를 지으면서 생활합니다.

➡ (   )

04 다음 설명 에 해당하는 낱말을 낱말 판에서 찾아 ◯표 하세요.

설명

주민 대부분이 농사를 짓는 마을.

주	시	농
소	내	촌
읍	국	민

05 다음 한자의 뜻과 음(소리)을 쓰세요.

보기

白 ➡ 흰 **백**

(1) 住 ➡ (   )

(2) 里 ➡ (   )

06 다음 한자의 뜻을 보기 에서 찾아 그 번호를 쓰세요.

보기

① 고을
② 저자

• 邑 → (   )

07 다음 뜻에 해당하는 한자어를 보기 에서 찾아 그 번호를 쓰세요.

보기

① 市民 ② 洞里 ③ 同門

• 같은 학교를 나온 사람.
→ (   )

08 다음 설명 에 해당하는 한자어를 ☐ 안을 채워 완성하세요.

설명

똑바로 마주 보이는 면.

답 | 正 | |

09 다음 밑줄 친 낱말에 해당하는 한자어를 보기 에서 찾아 그 번호를 쓰세요.

보기

① 車道 ② 水道 ③ 住所

• 더워서 샤워를 자주 했더니 수도 요금이 많이 나왔습니다.
→ (   )

10 다음 ◯에 공통으로 들어갈 말을 한자로 바르게 나타낸 것에 ∨표 하세요.

• 면에 사는 사람은 면민, 시에 사는 사람은 시◯입니다.
• 국◯의 표를 가장 많이 얻어야 대통령이 될 수 있습니다.

☐ 民   ☐ 所

1 위 대화를 읽고 현재 아이들이 있는 곳의 주소를 쓰세요.

➡ ( )

▶정답 5쪽

2 위 대화를 읽고 인도와 차도에서 자전거를 타면 안 되는 이유를 쓰세요.

➥ ( )

창의·융합·코딩 전략 ❷

코딩

1 다음 규칙에 따라 이동하여 마지막에 만난 한자에 ○표 하고, 한자의 음(소리)을 □ 안에 써서 낱말을 완성하세요.

규칙
· 예: 앞으로 2칸 이동합니다.
· 아니요: 뒤로 1칸 이동합니다.

· '같은 학교를 나온 사람.'을 同門이라고 합니다.　(예 / 아니요)

· '관을 통하여 물을 보내 주는 장치.'를 水道라고 합니다.　(예 / 아니요)

· 里長은 '나라를 대표하여 일을 맡아보는 사람.'입니다.　(예 / 아니요)

· '주민 대부분이 농사를 짓는 마을.'을 農村이라고 합니다.　(예 / 아니요)

住	邑
村	市	洞
國	所	面

답 주 □

창의 융합

2 다음 대화를 읽고 👦의 할아버지가 사는 마을을 그림에서 찾아 ○표 하세요.

👩 할아버지 댁에 잘 다녀왔니?

👦 응. 그런데 할아버지가 농사일을 많이 하셔서 안타까웠어.

👩 네가 좀 도와드렸어?

👦 그럼! 모내기할 때 열심히 심부름을 했지.

山村
農村
江村

창의 융합

3 칠교판의 각 색깔에 쓰여 있는 뜻과 음(소리)에 맞는 한자를 보기 에서 찾아 그 번호를 ☐ 안에 쓰세요.

보기
① 里 ② 民 ③ 同 ④ 所
⑤ 住 ⑥ 面 ⑦ 洞

바 소
한가지 동
살 주
골 동 | 밝을 통
낮 면
백성 민
마을 리

창의 융합

4 다음 순서 에 따라 도착한 장소를 그림에서 찾아 ○표 하고, 그 이름을 쓰세요.

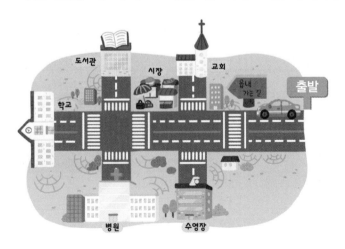

도서관 시장 교회
학교 출발
병원 수영장

순서

⊙ 邑內로 들어갑니다.

⊙ 車道를 따라 쭉 나아갑니다.

⊙ 市場을 지나자마자 오른쪽으로 방향을 바꿉니다.

● 正面에 보이는 큰 건물에 도착합니다.

→ (   )

코딩

5 '출발' 지점에서 명령어 에 따라 한 칸씩 이동했을 때 마지막에 만나는 한자의 뜻과 음(소리)을 쓰세요.

• 한자의 뜻과 음(소리) → (   )

창의 융합

6 다음 글의 (   ) 안에 공통으로 들어가는 한자어를 찾아 ∨표 하세요.

　여러 가지 상품을 사고파는 곳을 (　　　)이라고 합니다. (　　　)은 파는 물건에 따라 여러 가지 이름으로 불립니다. 농촌에서 키운 채소나 곡식을 파는 농산물 (　　　), 바다에서 잡은 생선을 파는 수산물 (　　　), 꽃을 파는 화훼 (　　　) 등이 있습니다.

☐ 山村　　　☐ 市場　　　☐ 國民

▶정답 6쪽

코딩

7 다음 **문제** 의 순서대로 **명령어 버튼** 을 눌렀을 때 가져온 한자들로 한자어를 완성하여 쓰세요.

명령어 버튼

| 그리고 | 바로 앞 취소 | '市'를 가져옴. | '面'을 가져옴. | '民'을 가져옴. |

문제

답

창의 융합

8 다음은 예전에 사용했던 주소입니다. 밑줄 친 글자에 해당하는 한자를 **보기** 에서 골라 그 번호를 ☐ 안에 쓰세요.

보내는 곳 장다리

전라북도 순창군 순창읍 순화리 1○◇

받는 곳 천재인

서울특별시 금천구 가산동 2○◇

보기

① 里(마을 **리**)

② 邑(고을 **읍**)

③ 洞(골 **동** | 밝을 **통**)

④ 市(저자 **시**)

⑤ 道(길 **도**)

활동 한자

❶ 手 손 수 　　❷ 足 발 족 　　❸ 登 오를 등 　　❹ 口 입 구 　　❺ 話 말씀 화

❻ 歌 노래 가 　　❼ 動 움직일 동 　　❽ 出 날 출 　　❾ 入 들 입 　　❿ 休 쉴 휴

⓫ 立 설 립 　　⓬ 力 힘 력

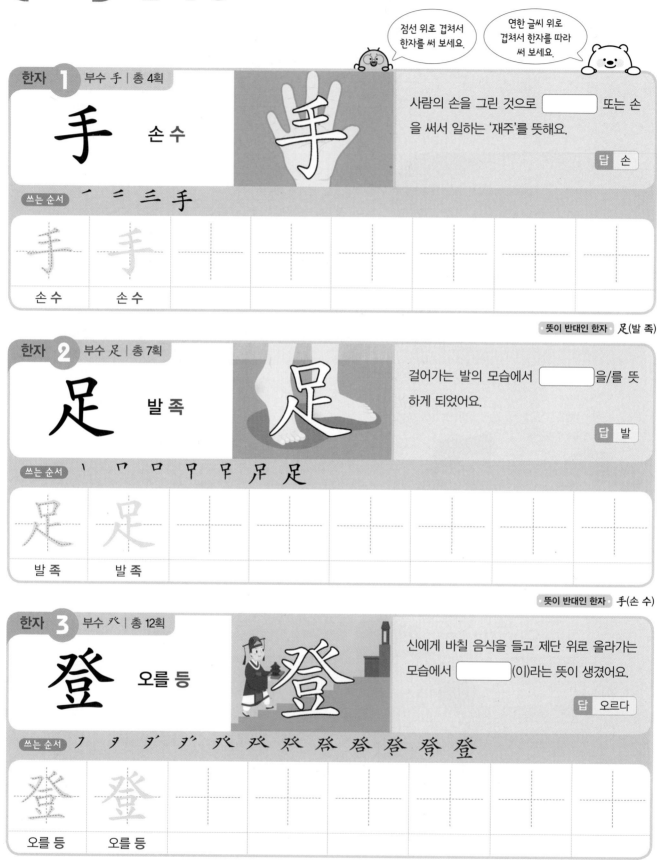

점선 위로 겹쳐서 한자를 써 보세요.

연한 글씨 위로 겹쳐서 한자를 따라 써 보세요.

한자 1 부수 手 | 총 4획

手 손 수

사람의 손을 그린 것으로 [　　　] 또는 손을 써서 일하는 '재주'를 뜻해요.

답 손

쓰는 순서 ´ ² ³ 手

手 手

손 수　　손 수

뜻이 반대인 한자 足(발 족)

한자 2 부수 足 | 총 7획

足 발 족

걸어가는 발의 모습에서 [　　　]을/를 뜻하게 되었어요.

답 발

쓰는 순서 ` ¹ ² ³ ⁴ ⁵ 足

足 足

발 족　　발 족

뜻이 반대인 한자 手(손 수)

한자 3 부수 癶 | 총 12획

登 오를 등

신에게 바칠 음식을 들고 제단 위로 올라가는 모습에서 [　　　](이)라는 뜻이 생겼어요.

답 오르다

쓰는 순서 ` ² ³ ⁴ ⁵ ⁶ ⁷ ⁸ ⁹ ¹⁰ 登

登 登

오를 등　　오를 등

▶정답 6쪽

1 그림 속 한자의 뜻과 음(소리)으로 알맞은 것을 찾아 선으로 이으세요.

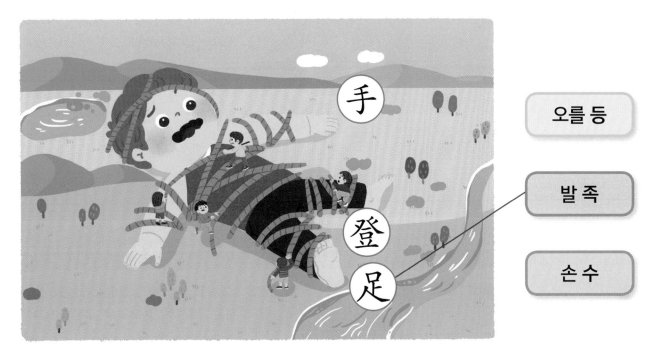

오를 등

발 족

손 수

2 다음 밑줄 친 낱말에 해당하는 한자를 찾아 ○표 하세요.

사람들이 물에 발을
담그고 있습니다.
수건으로 발을 닦는
사람도 있습니다.

登

手

足

점선 위로 겹쳐서 한자를 써 보세요.

연한 글씨 위로 겹쳐서 한자를 따라 써 보세요.

한자 ❹ 부수 口 | 총 3획

口 입구

사람의 입 모양을 본떠 그린 한자로 [　　　]을/를 뜻해요.

답 입

쓰는 순서 丨 冂 口

口	口							
입구	입구							

한자 ❺ 부수 言 | 총 13획

話 말씀 화

좋은 말을 해야 하고, 나쁜 말은 되도록 하지 말아야 함을 표현한 한자로 [　　　]을/를 뜻해요.

답 말씀

쓰는 순서 ` 亠 亍 亍 訁 訁 言 言 訐 訐 話 話

話	話						
말씀 화	말씀 화						

모양이 비슷한 한자 語(말씀 어)

한자 ❻ 부수 欠 | 총 14획

歌 노래 가

사람이 입을 크게 벌리고 노래를 부르는 모습에서 [　　　](이)라는 뜻이 생겼어요.

답 노래

쓰는 순서 一 亍 可 可 哥 哥 哥 哥 哥 哥 歌 歌 歌 歌

歌	歌						
노래 가	노래 가						

▶정답 6쪽

3 그림에서 한자 '입 구'를 따라가 식탁에 도착하세요.

4 다음 한자의 뜻과 음(소리)으로 알맞은 것을 찾아 선으로 이으세요.

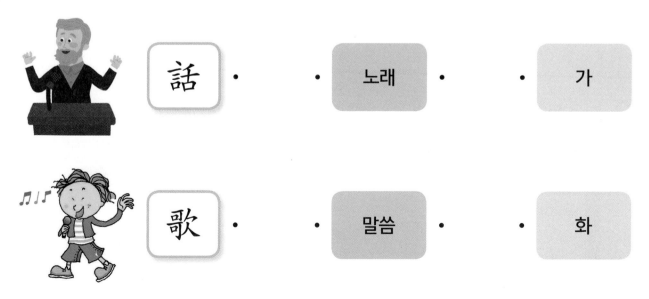

話 · · 노래 · · 가

歌 · · 말씀 · · 화

1 다음 한자의 뜻과 음(소리)으로 알맞은 것을 찾아 선으로 이으세요.

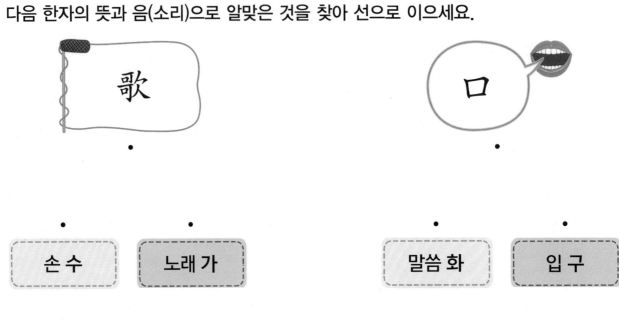

歌

口

손 수   노래 가

말씀 화   입 구

2 다음 한자의 뜻과 음(소리)을 쓰세요.

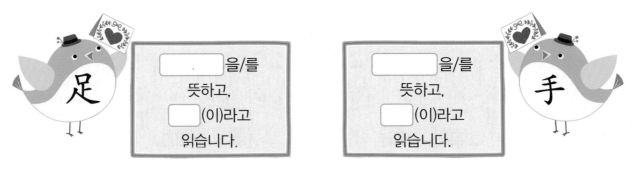

足

[   ]을/를
뜻하고,
[   ](이)라고
읽습니다.

[   ]을/를
뜻하고,
[   ](이)라고
읽습니다.

手

3 다음 문장의 내용이 맞으면 '예', 틀리면 '아니요'에 ○표 하세요.

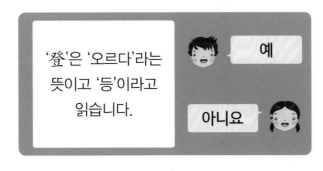

'登'은 '오르다'라는
뜻이고 '등'이라고
읽습니다.

예

아니요

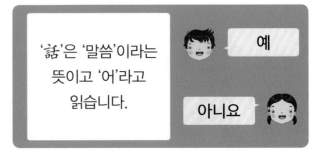

'話'은 '말씀'이라는
뜻이고 '어'라고
읽습니다.

예

아니요

▶정답 7쪽

4 다음 밑줄 친 낱말에 해당하는 한자를 보기 에서 찾아 그 번호를 쓰세요.

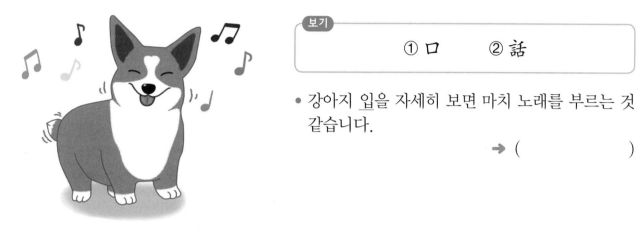

보기

① 口   ② 話

• 강아지 입을 자세히 보면 마치 노래를 부르는 것 같습니다.

→ (   )

5 다음 밑줄 친 한자의 뜻과 음(소리)으로 알맞은 것을 찾아 ○표 하세요.

登산하는 기분으로 계단을 올라갑니다.

노래 가   오를 등

6 다음 한자 카드에 들어갈 한자나 한자의 뜻과 음(소리)을 빈칸에 쓰세요.

손 수

足

점선 위로 겹쳐서 한자를 써 보세요.

연한 글씨 위로 겹쳐서 한자를 따라 써 보세요.

한자 1 부수 力 | 총 11획

動 움직일 동

무거운 짐을 힘써 옮기는 모습을 나타낸 한자로 [ ]을/를 뜻하게 되었어요.

답 움직이다

쓰는 순서 ノ ニ ゲ ゲ 듭 듭 重 重 重 動 動

動	動							

움직일 동   움직일 동

한자 2 부수 凵 | 총 5획

出 날 출

입구에서 발이 나오는 모습에서 [ ] 또는 '나가다'를 뜻하게 되었어요.

답 나다

쓰는 순서 丨 屮 屮 出 出

出	出							

날 출   날 출

뜻이 반대인 한자 入(들 입)

한자 3 부수 入 | 총 2획

入 들 입

어떤 곳을 파고 들어가는 모습을 나타낸 한자로 [ ]을/를 뜻해요.

답 들다(들이다)

쓰는 순서 ノ 入

入	入							

들 입   들 입

뜻이 반대인 한자 出(날 출)   모양이 비슷한 한자 人(사람 인)

1 다음 그림에서 한자 '움직일 동'을 <u>모두</u> 찾아 ○표 하세요.

2 사다리를 타고 내려가 뜻과 음(소리)이 바르게 이어진 한자에 <u>모두</u> ○표 하세요.

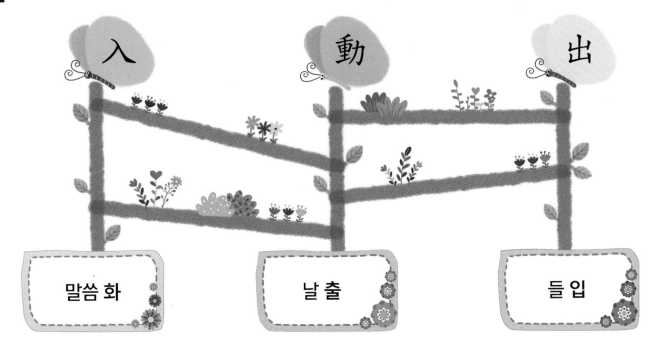

점선 위로 겹쳐서 한자를 써 보세요.

연한 글씨 위로 겹쳐서 한자를 따라 써 보세요.

한자 ④ 부수 人(亻) | 총 6획

休 쉴 휴

나무에 편히 기대고 있는 사람의 모습에서 ☐☐(이)라는 뜻이 생겼어요.

답 쉬다

쓰는 순서 ノ 亻 亻 什 休 休

休	休					
쉴 휴	쉴 휴					

모양이 비슷한 한자 木(나무 목)

한자 ⑤ 부수 立 | 총 5획

立 설 립

사람이나 사물이 땅 위에 바로 세워져 있다는 데서 ☐☐을/를 뜻해요.

답 서다

쓰는 순서 丶 亠 立 立 立

立	立					
설 립	설 립					

한자 ⑥ 부수 力 | 총 2획

力 힘 력

근육을 통해 사람이나 사물을 움직이게 하는 능력을 나타낸 한자로 ☐☐을/를 뜻해요.

답 힘

쓰는 순서 フ 力

力	力					
힘 력	힘 력					

모양이 비슷한 한자 刀(칼 도)

3 다음 그림 속 한자의 뜻이나 음(소리)으로 알맞은 것을 찾아 선으로 이으세요.

| 력 | 휴 | | 쉬다 | 서다 |

4 다음 밑줄 친 뜻과 음(소리)에 해당하는 한자를 찾아 ○표 하세요.

오늘은 일요일, 휴일입니다.
가족이 모두 집에서 쉽니다.

立

休

力

2주 02일 급수 한자 돌파 전략 ❷

1 다음 밑줄 친 한자의 음(소리)으로 알맞은 것을 찾아 ○표 하세요.

우리는 動물이 아니야. 그래서 마음대로 움직일 수 없어.

| 식 | 동 |

2 다음 설명에 해당하는 한자를 쓰세요.

'휴'라고 읽습니다.

'쉬다'라는 뜻으로 쓰입니다.

답

3 다음 밑줄 친 낱말에 해당하는 한자를 찾아 ∨표 하세요.

누구 힘이 센지 아빠랑 한번 겨뤄 볼까?

| □ 力 | □ 入 |

▶정답 8쪽

4 다음 한자 카드와 뜻이 반대인 한자를 보기 에서 찾아 그 번호를 쓰세요.

보기
① 入　　② 休
③ 立　　④ 力

➡ (　　　　　　　)

5 친구들이 쓴 한자의 뜻과 음(소리)을 보기 에서 찾아 그 번호를 쓰세요.

보기
① 설 **립**　　　② 힘 **력**　　　③ 움직일 **동**

➡ (　　　　　　)　　　　　　　➡ (　　　　　　)

6 다음 밑줄 친 말에 해당하는 한자를 보기 에서 찾아 쓰세요.

보기
入　　立　　足

• 로봇이 타 주는 커피를 마시려고 사람들이 줄을 <u>서서</u> 기다립니다.

답

대표 한자어 01

수 족 　手 足
손 수　발 족

뜻 손과 발.

자 족 　自 足
스스로 자　발 족

뜻 스스로 넉넉함을 느낌.

어르신들은 手足(수족)을 가만히 두시지 않아. 좀 쉬셔도 될 텐데……

걱정하지 마. 작은 일거리를 하시면서 自足(자족)과 보람을 느끼신대.

대표 한자어 02

입 구 　入 口
들 입　입 구

뜻 안으로 들어가는 문이나 통로.

출 구 　出 口
날 출　입 구

뜻 밖으로 나갈 수 있는 문이나 통로.

이 문으로 들어왔으니 여기가 入口(입구)야.

그래? 나가려면 빨리 出口(출구)를 찾아야겠네.

대표 한자어 03

수 화

手	話
손 수	말씀 화

뜻 손짓이나 몸짓으로 뜻을 전달하는 언어.

수화….

고마워.

친구와 얘기하려고 手話(수화)를 배웠대.

대표 한자어 04

가 수

歌	手
노래 가	손 수

뜻 노래 부르는 것이 직업인 사람.

歌手(가수)가 되려면 노래 연습을 많이 해야 돼.

대표 한자어 05

등 산

登	山
오를 등	메 산

뜻 산에 오름.

登山(등산)할 때는 날씨 변화에 주의해야 돼.

대표 한자어 06

출입

出	入
날 출	들 입

뜻 어느 곳을 드나듦.

출동

出	動
날 출	움직일 동

뜻 어떤 목적을 이루기 위해 떠남.

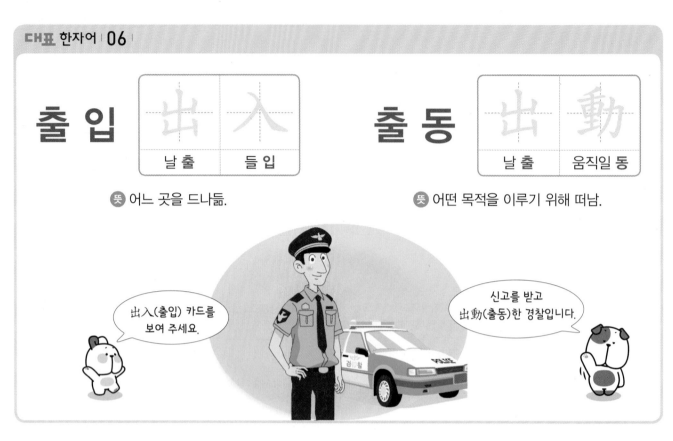

出入(출입) 카드를 보여 주세요.

신고를 받고 出動(출동)한 경찰입니다.

대표 한자어 07

휴일

休	日
쉴 휴	날 일

뜻 일을 안 하고 쉬는 날.

휴지

休	紙
쉴 휴	종이 지

뜻 더러운 것을 닦는 데 쓰는 얇은 종이.

休日(휴일)인데도 마트에 사람이 별로 없네.

우리가 일찍 왔나 봐. 얼른 休紙(휴지)부터 고르자.

대표 한자어 08

입력

入	力
들 입	힘 력

뜻 문자나 숫자 등의 정보를 컴퓨터가 기억하게 함.

컴퓨터에 入力(입력)만 하면 학교 숙제도 금방 끝나.

대표 한자어 09

국 력

國	力
나라 국	힘 력

뜻 한 나라가 가지고 있는 모든 힘.

國力(국력)이 강해야 다른 나라가 함부로 얕보지 않아.

대표 한자어 10

국 립

國	立
나라 국	설 립

뜻 공익을 위해 국가가 세우고 관리함.

나라에서 정해 관리하는 공원을 國立(국립) 공원 이라고 해.

1 다음 문장의 내용이 맞으면 '예', 틀리면 '아니요'에 ○표 하세요.

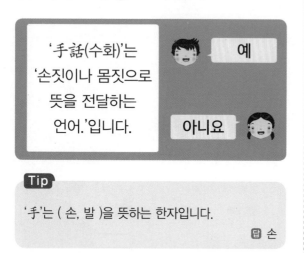

'手話(수화)'는 '손짓이나 몸짓으로 뜻을 전달하는 언어.'입니다.

예

아니요

Tip

'手'는 (손, 발)을 뜻하는 한자입니다.

답 손

2 다음 ◌에 알맞은 글자를 넣어 낱말을 만드세요.

산에 오름.

◌산

Tip

'登'은 '오르다'를 뜻하고, [ ](이)라고 읽습니다.

답 등

3 다음 뜻에 해당하는 낱말을 찾아 선으로 이으세요.

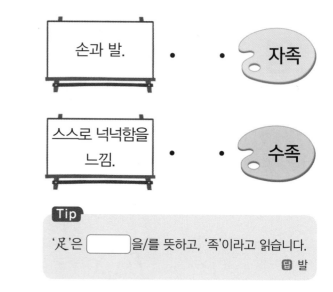

손과 발. ·

· 자족

스스로 넉넉함을 느낌. ·

· 수족

Tip

'足'은 [ ]을/를 뜻하고, '족'이라고 읽습니다.

답 발

4 다음 한자어의 뜻을 바르게 나타낸 것을 찾아 ∨표 하세요.

歌手

☐ 더러운 것을 닦는 데 쓰는 얇은 종이.

☐ 노래 부르는 것이 직업인 사람.

Tip

'手'는 (수, 지)라고 읽는데, 여기서는 '앞의 말에 해당하는 일을 직업으로 하는 사람.'이라는 뜻으로 쓰였습니다.

답 수

5 다음 뜻에 해당하는 낱말을 찾아 ○표 하세요.

일을 안 하고 쉬는 날.

휴지　　　　휴일

> **Tip**
>
> '休'는 '쉬다'를 뜻하고, ☐(이)라고 읽습니다.
>
> 답 휴

6 다음 ◯에 공통으로 들어갈 한자를 보기 에서 찾아 그 번호를 쓰세요.

> 보기
>
> ① 入　　② 出　　③ 動

- 영화가 끝난 뒤 한꺼번에 ◯구로 몰려가면 안 됩니다.
- 신고를 받고 소방차가 ◯동했습니다.

➜ (　　　　　)

> **Tip**
>
> '出'은 '나다' 또는 '나가다'를 뜻하고, ☐(이)라고 읽습니다.
>
> 답 출

7 다음 낱말 퍼즐을 푸세요.

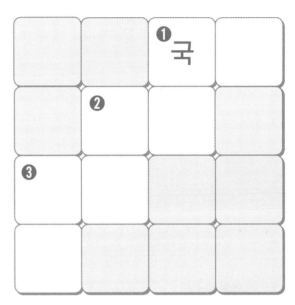

> 가로 열쇠
>
> ❶ 공익을 위해 국가가 세우고 관리함.
> ❷ 문자나 숫자 등의 정보를 컴퓨터가 기억하게 함.
> ❸ 밖으로 나갈 수 있는 문이나 통로.

> 세로 열쇠
>
> ❶ 한 나라가 가지고 있는 모든 힘.
> ❷ 안으로 들어가는 문이나 통로.
> ❸ 어느 곳을 드나듦.

> **Tip**
>
> '한 나라가 가지고 있는 모든 힘.'을 뜻하는 한자어는 (國효, 國力)입니다.
>
> 답 國力

3단계 B 전편　**63**

전략 1 한자어의 음(소리) 쓰기

다음 밑줄 친 漢字語한자어**의 讀音**(독음: 읽는 소리)**을 쓰세요.**

> 보기
>
> 里長 → 이장

• 텔레비전에서 **手話**로 동시에 통역해 주는 프로그램이 늘고 있습니다.

→ (　　　　　　　)

답 수화

필수 예제 01

다음 밑줄 친 漢字語한자어**의 讀音**(독음: 읽는 소리)**을 쓰세요.**

> 보기
>
> 市場 → 시장

(1) 문자만 **入力**하면 원하는 물건이 빠르게 배달됩니다. → (　　　　　　)

(2) 도둑이 들었다는 신고를 받고 경찰관이 **出動**했습니다. → (　　　　　　)

> 글에 쓰인
> 한자어의 뜻을 알아내고,
> 각 한자의 음(소리)을
> 조합하여 읽도록 합니다.

(3) 코를 풀 때마다 **休紙**가 없으면 얼마나 불편할까 생각합니다.

→ (　　　　　　)

전략 2 한자의 뜻과 음(소리) 쓰기

다음 漢字한자의 訓(훈: 뜻)과 音(음: 소리)을 쓰세요.

보기
邑 ➡ 고을 **읍**

• 休 ➡ (   )

답 쉴 휴

필수 예제 | 02 |

다음 漢字한자의 訓(훈: 뜻)과 音(음: 소리)을 쓰세요.

보기
道 ➡ 길 **도**

(1) 立 ➡ (   )

(2) 動 ➡ (   )

한자의 뜻과
음(소리)은 반드시
함께 알아 두어야
합니다.

(3) 登 ➡ (   )

전략 **3** 뜻과 음(소리)에 맞는 한자 찾기

다음 訓(훈: 뜻)과 音(음: 소리)에 맞는 漢字한자를 보기 에서 찾아 그 번호를 쓰세요.

> 보기
>
> ① 足 　　② 手 　　③ 力 　　④ 動

● 힘 력 ➡ (　　　　　　)

답 ③

필수 예제 **03**

다음 訓(훈: 뜻)과 音(음: 소리)에 맞는 漢字한자를 보기 에서 찾아 그 번호를 쓰세요.

> 보기
>
> ① 手 　　② 出 　　③ 口 　　④ 歌

(1) 입 구 ➡ (　　　　　　)

(2) 손 수 ➡ (　　　　　　)

(3) 노래 가 ➡ (　　　　　　)

'한국어문회'에서
제시한 대표 뜻과 음(소리)을
꼭 알아 두어야 합니다.

전략 4 제시된 뜻에 맞는 한자어 찾기

다음 뜻에 맞는 漢字語한자어를 보기 에서 찾아 그 번호를 쓰세요.

보기
① 休紙   ② 入口   ③ 出口   ④ 休日

• 일을 안 하고 쉬는 날. ➡ (   )

답 ④

필수 예제 04

다음 뜻에 맞는 漢字語한자어를 보기 에서 찾아 그 번호를 쓰세요.

보기
① 國立   ② 出入   ③ 自足   ④ 手足

(1) 손과 발. ➡ (   )

(2) 어느 곳을 드나듦. ➡ (   )

(3) 스스로 넉넉함을 느낌. ➡ (   )

뜻에 해당하는 한자어가 생각나지 않을 때는 의미 단위로 나누어서 한자를 찾도록 합니다.

[한자어의 음(소리) 쓰기]

1 다음 밑줄 친 漢字語한자어의 讀音(독음: 읽는 소리)을 쓰세요.

개가 **休紙**를 모두 풀어 놓았습니다.

➡ (   )

[한자어의 음(소리) 쓰기]

2 다음 밑줄 친 漢字語한자어의 讀音(독음: 읽는 소리)을 쓰세요.

여기가 땅속 마을 **入口**인가 봐.

➡ (   )

[한자의 뜻과 음(소리) 쓰기]

3 다음 漢字한자의 訓(훈: 뜻)과 音(음: 소리)을 쓰세요.

보기

邑 ➡ 고을 읍

• 立 ➡ (   )

[뜻과 음(소리)에 맞는 한자 찾기]

4 다음 訓(훈: 뜻)과 音(음: 소리)에 맞는 漢字한자를 보기 에서 찾아 그 번호를 쓰세요.

보기

① 出   ② 動   ③ 同   ④ 登

• 움직일 동 ➡ (   )

[뜻과 음(소리)에 맞는 한자 찾기]

5 다음 訓(훈: 뜻)과 音(음: 소리)에 맞는 漢字한자를 보기 에서 찾아 그 번호를 쓰세요.

Tip
'足'은 발 모양을 본뜬 글자입니다.

보기
①話　　②手　　③足　　④立

• 발 족 ➡ (　　　　　)

[제시된 뜻에 맞는 한자어 찾기]

6 다음 뜻에 맞는 漢字語한자어를 보기 에서 찾아 그 번호를 쓰세요.

Tip
'力'은 '힘'을 뜻하는 한자로, 팔에 힘을 주었을 때의 모양을 본떠 만들었습니다.

보기
①國立　②入力　③國力　④出動

• 한 나라가 가지고 있는 모든 힘.
　　　　　　　➡ (　　　　　)

[제시된 한자어 찾기]

7 다음 밑줄 친 漢字語한자어를 보기 에서 찾아 그 번호를 쓰세요.

Tip
'가수'는 '노래 부르는 것이 직업인 사람.'을 뜻합니다.

보기
①手話　②出入　③歌手　④自足

• 라디오에서 내가 좋아하는 <u>가수</u>의 노래가 나옵니다.
　　　　　　　➡ (　　　　　)

주 누구나 만점 전략

01 다음 한자의 뜻을 [보기]에서 찾아 그 번호를 쓰세요.

> 보기
>
> ① 힘   ② 움직이다   ③ 입

• 力 → (   )

02 다음 뜻과 음(소리)에 해당하는 한자를 [보기]에서 찾아 그 번호를 쓰세요.

> 보기
>
> ①足   ②出   ③休

• 쉴 휴 → (   )

03 다음 한자의 뜻과 음(소리)을 쓰세요.

> 보기
>
> 市 → 저자 시

(1) 歌 → (   )

(2) 立 → (   )

04 다음 [설명]에 해당하는 낱말을 낱말판에서 찾아 ○표 하세요.

> 설명
>
> 공익을 위해 국가가 세우고 관리함.

조	입	구
국	립	가
민	수	족

05 다음 ☐ 안에 들어갈 한자를 [보기]에서 찾아 그 번호를 쓰세요.

> 보기
>
> ①話   ②立   ③動

• 手☐ : 손짓이나 몸짓으로 뜻을 전달하는 언어.

→ (   )

06 다음 뜻에 해당하는 한자어를 보기 에서 찾아 그 번호를 쓰세요.

보기
① 出入　② 入口　③ 出口

• 안으로 들어가는 문이나 통로.
　　　➡ (　　　　　)

07 다음 밑줄 친 한자어의 음(소리)을 보기 에서 찾아 그 번호를 쓰세요.

보기
① 입력　　② 수족　　③ 휴일

• 날이 너무 더워서 <u>手足</u>을 움직이는 것조차 귀찮습니다.
　　　➡ (　　　　　)

08 다음 밑줄 친 한자어의 음(소리)을 쓰세요.

<u>登山</u>을 하기 전에 준비 운동을 철저히 합니다.
　　　➡ (　　　　　)

09 다음 밑줄 친 낱말에 해당하는 한자어를 보기 에서 찾아 그 번호를 쓰세요.

보기
① 入力　② 休日　③ 休紙

• 기름이 묻은 그릇은 <u>휴지</u>로 닦은 뒤 설거지를 합니다.
　　　➡ (　　　　　)

10 다음 설명 에 해당하는 한자어를 □ 안을 채워 완성하세요.

설명
어떤 목적을 이루기 위해 떠남.

답 □ 動

오빠가 나보다 돈을 더 많이 가져갔잖아.

있는 사람들이 더하다니까요.

그러게요. 재산이 저렇게 많아도 만족을 못 하네요.

우리를 봐요. 없으면 없는 대로, 있으면 있는 대로 스스로 넉넉하다고 느끼면서 自足하잖아요.

그, 그렇지요.

오늘 본 시험지인데, 사인해 주세요.

공부를 안 했는데 50점이나 받아서 저는 自足해요.

어이구!

창의 융합

1 위 대화를 읽고 자족의 뜻을 쓰세요.

➡ (   )

창의 융합

2 위 대화를 읽고 토요일, 일요일이 아니면서 쉬는 공휴일을 3개 이상 쓰세요.

➔ (　　　　　　　　　　　　　　　　　　　　　　　　　　)

창의·융합·코딩 **전략 ②**

2주

코딩

1 '출발' 지점에서 **명령어** 대로 한 칸씩 이동했을 때 마지막에 만나는 한자의 뜻과 음(소리)을 쓰세요.

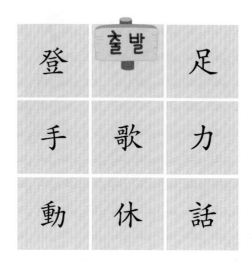

● 한자의 뜻과 음(소리) ➡ (   )

창의 융합

2 칠교판의 각 색깔에 쓰여 있는 뜻과 음(소리)에 맞는 한자를 **보기** 에서 찾아 그 번호를 ☐ 안에 쓰세요.

보기
① 手
② 足
③ 口
④ 出
⑤ 入
⑥ 立
⑦ 休

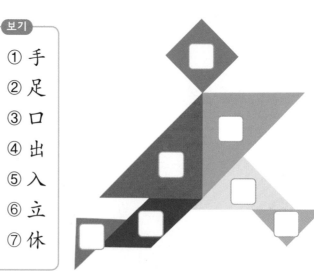

코딩

3 다음 규칙에 따라 이동하여 마지막에 만난 한자에 ○표를 하고, 그 음(소리)을 ☐ 안에 써서 낱말을 완성하세요.

규칙
• 예: 앞으로 3칸 이동합니다.
• 아니요: 뒤로 1칸 이동합니다.

• 休日은 '일을 안 하고 쉬는 날.'입니다.
(예 / 아니요)
• '스스로 넉넉함을 느낌.'을 手足이라고
합니다. (예 / 아니요)
• 歌手는 '노래 부르는 것이 직업인 사
람.'입니다. (예 / 아니요)
• '어느 곳을 드나듦.'을 出口라고 합니
다. (예 / 아니요)

답 ☐ 화

 창의 융합

4 다음 글의 ( ) 안에 공통으로 들어가는 한자어를 찾아 ∨표 하세요.

( )할 때는 계획을 꼼꼼히 세워야 합니다. 산속은
기온 변화가 심하므로 입고 벗기 편한 옷을 준비합니다.
그리고 위급 상황에 대비해 간단한 의약품도 챙깁니다.
또한 ( )하기 전에 준비 운동을 충분히 해서 굳어
있던 몸을 풀어 주는 것도 중요합니다.

☐ 國立   ☐ 登山   ☐ 出動

코딩

5 다음 문제 의 순서대로 명령어 버튼 을 눌렀을 때 가져온 한자들로 한자어를 완성하여 쓰세요.

명령어 버튼

그리고　　바로 앞 취소　'入'을 가져옴.　'民'을 가져옴.　'力'을 가져옴.

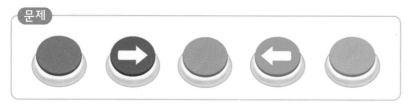

문제

답

창의 융합

6 다음 질문의 답을 순서대로 연결하여 잠금 화면의 패턴을 그리세요.

질문

• 歌의 뜻은 무엇인가요?

• 口의 음(소리)은 무엇인가요?

• 足의 뜻은 무엇인가요?

• '서다'를 뜻하는 한자는 무엇인가요?

• '수족', '수화'에 공통으로 들어가는 한자는
무엇인가요?

• 動의 음(소리)은 무엇인가요?

답

▶정답 10쪽

 창의 융합

7 다음 글을 읽고, 밑줄 친 한자어의 음(소리)을 기호에 맞게 쓰세요.

> ㉠<u>休日</u> 아침에 갑자기 사이렌 소리가 났습니다. 밖으로 나가 보니, 골목 안쪽에서 검은 연기가 솟아오르고 있었습니다.
>
> 그런데 ㉡<u>出動</u>한 소방차가 골목으로 들어오지 못하고 있었습니다. 골목 ㉢<u>入口</u>부터 차들이 빽빽하게 세워져 있었기 때문입니다. 소방차나 구급차처럼 급한 차들이 쉽게 ㉣<u>出入</u>할 수 있도록 주차를 잘해야겠습니다.

답 ㉠ 休日 ➡ (   )

㉡ 出動 ➡ (   )

㉢ 入口 ➡ (   )

㉣ 出入 ➡ (   )

 창의 융합

8 다음 순서 에 맞게 밑줄 친 뜻에 해당하는 한자의 번호를 보기 에서 찾아 쓰고, 가 마지막 서 있는 곳에 ∨표 하세요.

보기

① 立   ② 出   ③ 入
④ 手   ⑤ 休

순서

⬇ 문을 열고 안으로 <u>들어가요</u>.

⬇ 화장실에 가서 <u>손</u>을 씻어요.

⬇ 소파에서 잠시 <u>쉬어요</u>.

⬇ 창문을 열고 베란다로 <u>나가요</u>.

⬤ 베란다에 <u>서서</u> 밖을 보아요.

답 (③   ) ➡ (   ) ➡ (   ) ➡ (   ) ➡ (   )

야, 산이다!

다 함께 오니까 정말 기분 좋다.

休日(휴일)이라 그런지 사람이 많네.

우리처럼 登山(등산)하러 왔나 봐.

맞아. 봄에는 진달래와 철쭉을 보러 오는 사람들이 많아.

國立(국립)공원이 가까우니까 우리 市民(시민)들이 얼마나 좋아.

△△산 국립공원 안내도

오늘 登山(등산)할 코스를 살펴볼까?

우리가 있는 곳이 바로 여기니까······.

그럼 거기가 入口(입구)겠네.

만화를 보고, 지금까지 배운 한자를 기억해 보세요.

1주 | 주소 한자

住 所 村 民 同 國 道 市 洞 邑 面 里

2주 | 활동 한자

手 足 登 口 話 歌 動 出 入 休 立 力

주소 한자

1 다음 그림을 보고 물음에 답하세요.

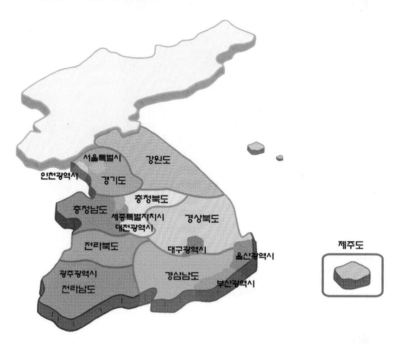

❶ 그림에 나타난 지역을 부르는 명칭과 관련 있는 한자의 뜻과 음(소리)을 쓰세요.

- 道 ➡ (   )
- 市 ➡ (   )

❷ 다음 글의 밑줄 친 한자어의 음(소리)을 기호에 맞게 쓰세요.

> 우리나라 이름은 대한민국입니다. 우리나라
> 에서 살다가 잠시 외국에 가서 살아도 대한민
> 국 ㉠國民입니다.
> 우리나라는 크게 17개의 시와 도가 있습니
> 다. 시에 사는 사람은 ㉡市民, 도에 사는 사람
> 은 도민입니다.

답 ㉠ 國民 ➡ (   )

㉡ 市民 ➡ (   )

Tip

'民'의 뜻은 **❶**[   ](이)고, 음(소리)은 **❷**[   ]입니다.

답 **❶** 백성 **❷** 민

주소 한자

2 다음 그림을 보고 물음에 답하세요.

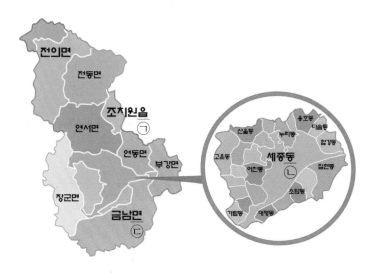

보기

里　　面
市　　洞
邑　　長

❶ 그림의 밑줄 친 말에 해당하는 한자를 기호에 맞게 보기 에서 찾아 쓰세요.

답 ㉠ ㉡ ㉢

❷ 다음 글의 밑줄 친 낱말을 보기 에서 찾은 한자를 사용하여 한자어로 쓰세요.

> 현선이는 전의면의 한 마을에 살고 있습니다. 현선이네 가족은 대대로 농사를 짓고 있는데, 아버지께서는 오랫동안 마을 이장을 맡고 계십니다.

답

Tip

'마을을 대표하여 일을 맡아보는 사람.'을 [　　　　　](이)라고 합니다.

답 이장

활동 한자

3 다음 글을 읽고 물음에 답하세요.

주아 보아라.

할미는 잘 지내니 걱정하지 마라. 요즘 텃밭에서 가꾼 채소로 음식 만들어 먹는 재미에 푹 빠졌다. ⟨㉠⟩하는 삶이 이런 거구나 생각한다.

주아야, 할미는 ㉡**手足**이 자유로울 동안은 여기서 지내고 싶다. 이해해 줄 거지?

❶ ㉠의 뜻에 맞는 한자어를 **보기** 에서 찾아 그 번호를 쓰세요.

보기

① 登山   ② 自足   ③ 入力   ④ 休日

• 스스로 넉넉함을 느낌. ➡ (   )

❷ 다음 중 ㉡이 들어가기 알맞은 문장을 찾아 ∨표 하세요.

• 우리 ▢▢은 엄마, 아빠, 나 이렇게 셋입니다.　　　▢

• 손이나 발이 지나치게 차가운 병을 ▢▢냉증이라고 합니다.　　　▢

Tip
'手'의 뜻은 ❶▢▢▢(이)고, '足'의 뜻은 ❷▢▢▢입니다.

답 ❶ 손 ❷ 발

4 다음 글을 읽고 물음에 답하세요.

> 여러 갈래가 있어서 한 번 들어가면 빠져나오기 어려운 길을 '미로'라고 합니다.
>
> 만약 여러분이 미로에 갇혔다면 절대 당황하지 마십시오. 미로에는 입구가 있는 것처럼 ⟨ ㉠ ⟩도 반드시 있기 때문입니다.
>
> 미로를 빠져나오는 쉬운 방법은 벽에 ㉡손을 짚고 쭉 따라가는 것입니다. 그러면 끝없이 이어진 벽이 여러분을 출구로 안내할 것입니다.

출구

입구

❶ ㉠의 뜻에 맞는 한자어를 보기 에서 찾아 쓰세요.

> 보기
>
> 出入   入口   入力   出口

• 밖으로 나갈 수 있는 문이나 통로.

답 ☐ ☐

❷ ㉡에 해당하는 한자를 보기 에서 찾아 그 번호를 쓰세요.

> 보기
>
> ① 立   ② 休   ③ 力   ④ 手

→ (   )

한자 ☐ 은/는 입구에서 발이 나오는 모습에서 '나다' 또는 '나가다'를 뜻하게 되었습니다.

답 出

[문제 01~02] 다음 밑줄 친 漢字語한자어의 讀音(독음: 읽는 소리)을 쓰세요.

> **보기**
>
> 百姓 → 백성

> 오늘 수업 시간에 촌에 대해 처음 배웠습니다. 시골의 작은 마을을 촌이라고 하는데 농촌, 01山村, 어촌 등이 있습니다. 그중 02農村은 논밭에서 곡식이나 채소 등을 심고 기르고 거두는 일을 주로 합니다.

01 山村 → (   )

02 農村 → (   )

[문제 03~04] 다음 漢字한자의 訓(훈: 뜻)과 音(음: 소리)을 쓰세요.

> **보기**
>
> 千 → 일천 **천**

03 里 → (   )

04 國 → (   )

[문제 05~06] 다음 訓(훈: 뜻)과 音(음: 소리)에 맞는 漢字한자를 보기 에서 찾아 그 번호를 쓰세요.

보기
① 洞　　　　② 市

05

골 동 | 밝을 통

06

저자 시

[문제 07~08] 다음 밑줄 친 漢字語한자어를 보기 에서 찾아 그 번호를 쓰세요.

보기
① 車道　　　② 正面

07 광화문 앞에서 정면을 보면 세종대왕과 이순신 장군의 동상이 보입니다.

➡ (　　　　　)

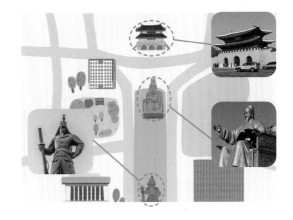

08 차도는 자동차가 다닐 수 있도록 만들어진 길입니다.

➡ (　　　　　)

[문제 09~10] 다음 訓(훈: 뜻)과 音(음: 소리)에 맞는 漢字한자를 보기에서 찾아 그 번호를 쓰세요.

보기
① 同　② 面　③ 邑　④ 所

09 한가지 동 → (　　　　　　　)

10 고을 읍 → (　　　　　　　)

[문제 11~12] 다음 漢字한자의 상대 또는 반대되는 漢字한자를 보기에서 찾아 그 번호를 쓰세요.

보기
① 左　② 入　③ 下　④ 力

11 上 ↔ (　　　　　　　)

12 右 ↔ (　　　　　　　)

▶정답 11쪽

[문제 13~14] 다음 뜻에 맞는 *漢字語*한자어를 보기 에서 찾아 그 번호를 쓰세요.

[문제 15~16] 다음 *漢字*한자의 진하게 표시된 획은 몇 번째 쓰는지 보기 에서 찾아 그 번호를 쓰세요.

보기
① 市民　　② 住所　　③ 國民

보기
① 세 번째　　② 네 번째
③ 다섯 번째　④ 여섯 번째

13 사람이 살고 있는 곳을 행정 구역으로 나타낸 이름. → (　　　　　)

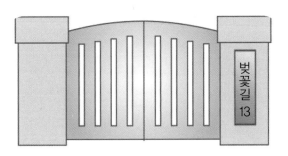

15

(　　　　　)

14 나라를 구성하는 사람.
→ (　　　　　)

16

(　　　　　)

[문제 01~02] 다음 밑줄 친 漢字語한자어의 讀音(독음: 읽는 소리)을 쓰세요.

> 보기
>
> 住所 ➡ 주소

천재산 부근에 눈이 많이 내리고 있습니다. 01登山을 하시는 분들은 만약의 사태에 대비하여 공원 관리 사무소에 02出入 기록을 남겨 주시기 바랍니다.

01 登山 ➡ (   )

02 出入 ➡ (   )

[문제 03~04] 다음 漢字한자의 訓(훈: 뜻)과 音(음: 소리)을 쓰세요.

> 보기
>
> 所 ➡ 바 소

03 話 ➡ (   )

04 歌 ➡ (   )

[문제 05~06] 다음 訓(훈: 뜻)과 音(음: 소리)에 맞는 漢字한자를 보기 에서 찾아 그 번호를 쓰세요.

보기

① 立   ② 力

05

힘 력

06

설 립

[문제 07~08] 다음 밑줄 친 漢字語한자어를 보기 에서 찾아 그 번호를 쓰세요.

보기

① 出動   ② 入口

07 등산로 입구에 안내판이 세워져 있습니다.
→ (   )

08 저희 소방서는 24시간 출동 준비를 하고 있습니다.
→ (   )

3단계 B 전편   **89**

[문제 09~10] 다음 訓(훈: 뜻)과 音(음: 소리)에 맞는 漢字한자를 보기 에서 찾아 그 번호를 쓰세요.

> 보기
> ① 動 ② 歌 ③ 登 ④ 口

09 입구 → (   )

10 움직일 동 → (   )

[문제 11~12] 다음 漢字한자의 상대 또는 반대되는 漢字한자를 보기 에서 찾아 그 번호를 쓰세요.

> 보기
> ① 立 ② 手 ③ 入 ④ 口

11 出 ↔ (   )

12 足 ↔ (   )

▶정답 11쪽

[문제 13~14] 다음 뜻에 맞는 *漢字語*한자어를 보기 에서 찾아 그 번호를 쓰세요.

> 보기
>
> ① 國力　　② 休紙　　③ 國立

13 더러운 것을 닦는 데 쓰는 얇은 종이.
→ (　　　　)

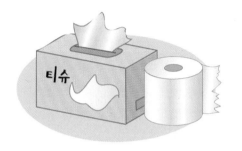

14 한 나라가 가지고 있는 모든 힘.
→ (　　　　)

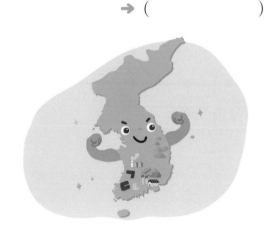

[문제 15~16] 다음 *漢字*한자의 진하게 표시된 획은 몇 번째 쓰는지 보기 에서 찾아 그 번호를 쓰세요.

> 보기
>
> ① 두 번째　　② 세 번째
> ③ 네 번째　　④ 다섯 번째

15

(　　　　)

16

(　　　　)

교과서 학습 한자어 | 01

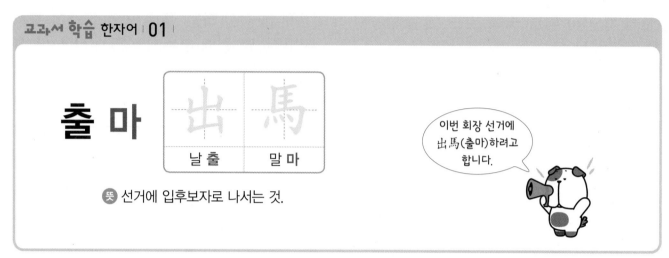

출 마

出	馬
날 출	말 마

뜻 선거에 입후보자로 나서는 것.

이번 회장 선거에 出馬(출마)하려고 합니다.

심화 한자 **1** 부수 馬 | 총 10획

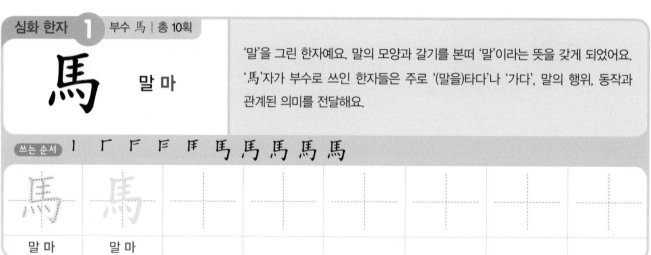

馬 **말 마**

'말'을 그린 한자예요. 말의 모양과 갈기를 본떠 '말'이라는 뜻을 갖게 되었어요.
'馬'자가 부수로 쓰인 한자들은 주로 '(말을)타다'나 '가다', 말의 행위, 동작과 관계된 의미를 전달해요.

쓰는 순서 ㅣ �507 厂 Ｆ 斤 馬 馬 馬 馬 馬

馬	馬						
말 마	말 마						

1 다음 뜻에 해당하는 한자어를 찾아 ○표 하세요.

선거에 입후보자로 나서는 것.

出馬

外出

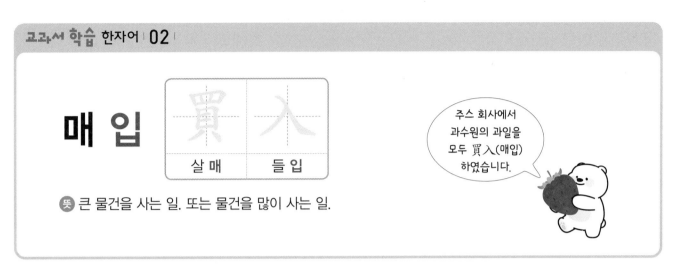

교과서 학습 한자어 | 02 |

매 입

買	入
살 매	들 입

주스 회사에서 과수원의 과일을 모두 買入(매입) 하였습니다.

뜻 큰 물건을 사는 일. 또는 물건을 많이 사는 일.

심화 한자 **2** 부수 貝 | 총 12획

買 살 매

'사다'라는 뜻을 가진 한자예요. 그물을 나타내는 '罓(그물 망)'과 '화폐'나 '재물'을 나타내는 '貝(조개 패)'가 결합되어 그물로 재물을 쓸어 담는 모습을 표현했어요.

쓰는 순서 丶 冂 冃 冃 罒 罒 罒 胃 胃 冒 買 買

買	買				
살 매	살 매				

---

2 다음 한자어판에서 설명에 해당하는 한자어를 찾아 ○표 하세요.

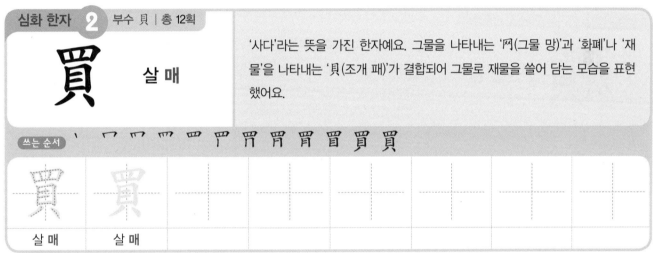

口	登	歌
出	休	買
動	話	入

설명
큰 물건을 사는 일. 또는 물건을 많이 사는 일.

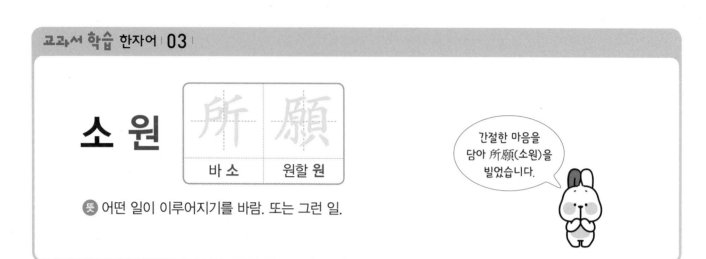

교과서 **학습** 한자어 **03**

소 원

所	願
바 소	원할 원

뜻 어떤 일이 이루어지기를 바람. 또는 그런 일.

> 간절한 마음을 담아 *所願*(소원)을 빌었습니다.

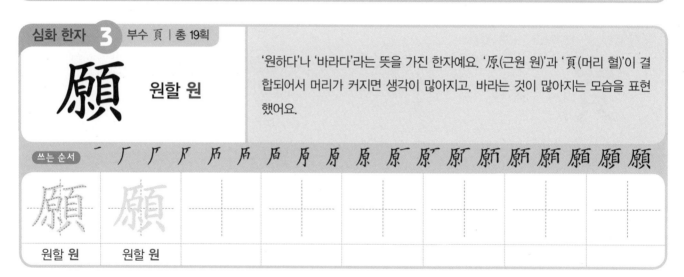

심화 한자 3 부수 頁 | 총 19획

願 원할 원

'원하다'나 '바라다'라는 뜻을 가진 한자예요. '原(근원 원)'과 '頁(머리 혈)'이 결합되어서 머리가 커지면 생각이 많아지고, 바라는 것이 많아지는 모습을 표현했어요.

쓰는 순서 一 厂 厂 厂 厂 所 所 盾 原 原 原 原 原 原 願 願 願 願 願

願	願						
원할 원	원할 원						

3 다음 설명 에 해당하는 한자어를 찾아 ○표 하세요.

설명
> 어떤 일이 이루어지기를 바람. 또는 그런 일.

所願   場所

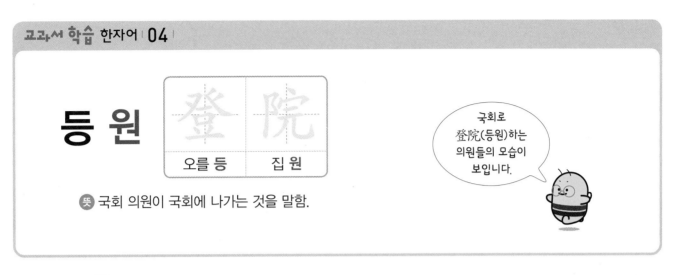

교과서 학습 한자어 04

등 원

登 院

오를 등 | 집 원

뜻 국회 의원이 국회에 나가는 것을 말함.

국회로 登院(등원)하는 의원들의 모습이 보입니다.

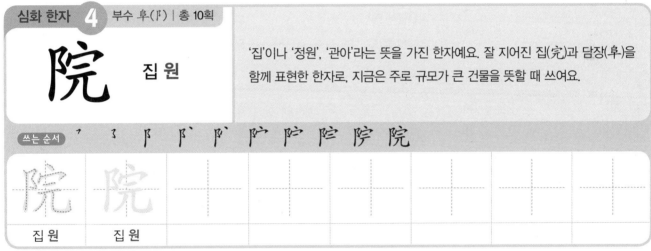

심화 한자 4 부수 阜(阝) | 총 10획

院

집 원

'집'이나 '정원', '관아'라는 뜻을 가진 한자예요. 잘 지어진 집(完)과 담장(阜)을 함께 표현한 한자로, 지금은 주로 규모가 큰 건물을 뜻할 때 쓰여요.

쓰는 순서 ' ³ 阝 阝 阝 阡 阡 阮 陟 院

院 집 원 | 院 집 원

4 다음 뜻에 해당하는 한자어를 찾아 선으로 이으세요.

국회 의원이 국회에 나가는 것을 말함. •

• 登院

• 登校

전편을 모두 공부하느라
수고 많았어요!

쑥쑥 오른 한자 실력으로
어려운 문제도 척척 풀 수 있을 거예요.

이제는 후편을 공부하며
차근차근 한자 실력을 길러 볼까요?

어떤 한자가 우리를 기다리고 있을지
준비, 출발!

한자
전략

3단계 **B** 7급 ②

후편

이 책의 **차례**

후편

은 3단계 B 전편 학습 한자, 은 후편 학습 한자입니다.

ㄱ				
家	歌	間	江	車
집 가	노래 가	사이 간	강 강	수레 거 | 수레 차
空	工	教	校	九
빌 공	장인 공	가르칠 교	학교 교	아홉 구
口	國	軍	金	旗
입 구	나라 국	군사 군	쇠 금 | 성 김	기 기
記	氣	男 (ㄴ)	南	內
기록할 기	기운 기	사내 남	남녘 남	안 내
女	年	農	答 (ㄷ)	大
여자 녀	해 년	농사 농	대답 답	큰 대
道	冬	洞	東	動
길 도	겨울 동	골 동 | 밝을 통	동녘 동	움직일 동
同	登	來 (ㄹ)	力	老
한가지 동	오를 등	올 래	힘 력	늙을 로
六	里	林	立	萬 (ㅁ)
여섯 륙	마을 리	수풀 림	설 립	일만 만

每	面	命	名	母
매양 매	낯 면	목숨 명	이름 명	어머니 모
木	文	門	問	物
나무 목	글월 문	문 문	물을 문	물건 물
民	方	百	白	夫
백성 민	모 방	일백 백	흰 백	지아비 부
父	北	不	四	事
아버지 부	북녘 북 | 달아날 배	아닐 불	넉 사	일 사
算	山	三	上	色
셈 산	메 산	석 삼	윗 상	빛 색
生	西	夕	先	姓
날 생	서녘 서	저녁 석	먼저 선	성 성
世	所	小	少	手
인간 세	바 소	작을 소	적을 소	손 수
數	水	時	市	食
셈 수	물 수	때 시	저자 시	밥 / 먹을 식

植	室	心	十	**ㅇ** 安
심을 식	집 실	마음 심	열 십	편안 안
語	然	午	五	王
말씀 어	그럴 연	낮 오	다섯 오	임금 왕
外	右	月	有	育
바깥 외	오를 / 오른(쪽) 우	달 월	있을 유	기를 육
邑	二	人	一	日
고을 읍	두 이	사람 인	한 일	날 일
入	**ㅈ** 字	自	子	長
들 입	글자 자	스스로 자	아들 자	긴 장
場	電	前	全	正
마당 장	번개 전	앞 전	온전 전	바를 정
弟	祖	足	左	主
아우 제	할아버지 조	발 족	왼 좌	임금 / 주인 주
住	中	重	地	紙
살 주	가운데 중	무거울 중	땅 지	종이 지

直	ㅊ 川	千	天	靑
곧을 직	내 천	일천 천	하늘 천	푸를 청
草	寸	村	秋	春
풀 초	마디 촌	마을 촌	가을 추	봄 춘
出	七	ㅌ 土	ㅍ 八	便
날 출	일곱 칠	흙 토	여덟 팔	편할 편 | 똥오줌 변
平	ㅎ 下	夏	學	韓
평평할 평	아래 하	여름 하	배울 학	한국 / 나라 한
漢	海	兄	花	話
한수 / 한나라 한	바다 해	형 형	꽃 화	말씀 화
火	活	孝	後	休
불 화	살 활	효도 효	뒤 후	쉴 휴

가족/농사 한자

드림아, 왜 그렇게 기운이 없어?

힘들어서 그래.

어제 시골 할아버지[祖] 댁에 가서 농사[農]를 도와드렸거든.

에이, 너희 엄마[母], 아빠[父]가 다 하셨겠지.

할아버지[祖]께서 무슨 농사[農]를 지으시는데?

우리 할아버지[祖]는 수박 농사[農]를 지으셔.

❶ 祖 할아버지 조　❷ 父 아버지 부　❸ 母 어머니 모　❹ 子 아들 자　❺ 老 늙을 로
❻ 少 적을 소　❼ 農 농사 농　❽ 事 일 사　❾ 生 날 생　❿ 命 목숨 명
⓫ 植 심을 식　⓬ 食 밥 / 먹을 식

점선 위로 겹쳐서 한자를 써 보세요.

연한 글씨 위로 겹쳐서 한자를 따라 써 보세요.

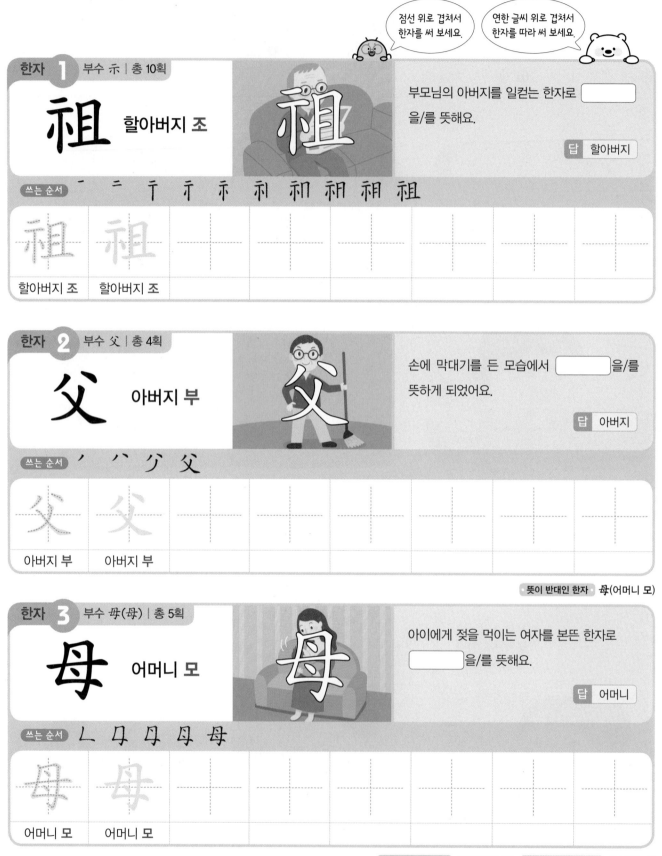

한자 1 부수 示 | 총 10획

祖 할아버지 조

부모님의 아버지를 일컫는 한자로 [   ]을/를 뜻해요.

답 할아버지

쓰는 순서 ˉ ¯ ⸗ 〒 示 示 衤 和 神 祖 祖

祖 / 祖

할아버지 조 / 할아버지 조

한자 2 부수 父 | 총 4획

父 아버지 부

손에 막대기를 든 모습에서 [   ]을/를 뜻하게 되었어요.

답 아버지

쓰는 순서 ´ ハ ハ 父

父 / 父

아버지 부 / 아버지 부

뜻이 반대인 한자 母(어머니 모)

한자 3 부수 母(毋) | 총 5획

母 어머니 모

아이에게 젖을 먹이는 여자를 본뜬 한자로 [   ]을/를 뜻해요.

답 어머니

쓰는 순서 乚 ㄉ 母 母 母

母 / 母

어머니 모 / 어머니 모

뜻이 반대인 한자 父(아버지 부)   모양이 비슷한 한자 每(매양 매)

한자 기초 확인

1 한자의 뜻이나 음(소리)을 바르게 나타낸 것에 <u>모두</u> ○표 하세요.

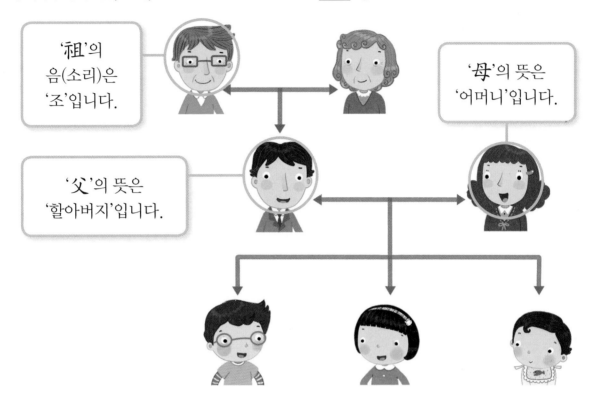

'祖'의
음(소리)은
'조'입니다.

'母'의 뜻은
'어머니'입니다.

'父'의 뜻은
'할아버지'입니다.

2 그림에서 한자 '아버지 부'를 찾아 ○표 하세요.

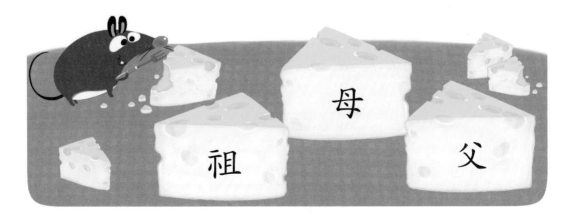

母

祖

父

점선 위로 겹쳐서 한자를 써 보세요.

연한 글씨 위로 겹쳐서 한자를 따라 써 보세요.

한자 ④ 부수 子 | 총 3획

子 아들 자

어린아이가 두 팔을 벌리고 있는 모양을 본뜬 한자로 [   ] 또는 '자녀'를 뜻해요.

답 아들

쓰는 순서 ⌐ 了 子

子	子						
아들 자	아들 자						

한자 ⑤ 부수 老 | 총 6획

老 늙을 로

허리가 굽은 노인이 지팡이를 짚고 서 있는 모습에서 [   ](이)라는 뜻이 생겼어요.

답 늙다

쓰는 순서 一 十 土 耂 耂 老

老	老						
늙을 로	늙을 로						

뜻이 반대인 한자 少(적을 소) 모양이 비슷한 한자 孝(효도 효)

한자 ⑥ 부수 小 | 총 4획

少 적을 소

4개의 작은 파편이 튀는 모습을 그린 한자로 [   ]을/를 뜻해요.

답 적다

쓰는 순서 亅 丿 小 少

少	少						
적을 소	적을 소						

뜻이 반대인 한자 老(늙을 로) 모양이 비슷한 한자 小(작을 소)

참고 '少'는 '어리다'라는 뜻도 있어요.

3 다음 한자의 뜻과 음(소리)으로 알맞은 것을 찾아 ◯표 하세요.

老
少

스스로 자

늙을 로

적을 소

아들 자

4 다음 그림에서 한자 '아들 자'를 <u>모두</u> 찾아 ◯표 하세요.

1 다음 한자의 뜻과 음(소리)으로 알맞은 것을 찾아 선으로 이으세요.

| 父 · | · 아버지 · | · 모 |
| 母 · | · 어머니 · | · 부 |

2 다음 문장의 내용이 맞으면 '예', 틀리면 '아니요'에 ○표 하세요.

'祖'의
음(소리)은
'조'입니다.

예

아니요

'子'의 뜻은
'할아버지'입니다.

예

아니요

3 다음 한자 카드에 들어갈 한자나 한자의 뜻과 음(소리)을 빈칸에 쓰세요.

老

어머니 모

4 다음 밑줄 친 낱말에 해당하는 한자를 쓰세요.

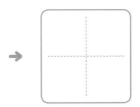

우리 할아버지께서는 항상 웃는 얼굴로
인사를 받아 주십니다.

→

5 다음 뜻에 해당하는 한자를 찾아 ∨표 하세요.

아들

적다

□ 老　　□ 子　　□ 少　　□ 母

6 다음 밑줄 친 한자의 음(소리)으로 알맞은 것을 찾아 ○표 하세요.

주말에 <u>父</u>모님과 바다에 다녀왔습니다.

조　　　부

점선 위로 겹쳐서 한자를 써 보세요.

연한 글씨 위로 겹쳐서 한자를 따라 써 보세요.

한자 1 부수 辰 | 총 13획

農 농사 농

밭을 갈며 농사를 짓는 모습을 나타내는 한자로 [ ]을/를 뜻해요.

답 농사

쓰는 순서 ` 冂 冂 冃 曲 曲 曲 严 严 严 農 農 農

農	農						

농사 농　　농사 농

한자 2 부수 亅 | 총 8획

事 일 사

제사를 지내며 점을 치는 주술 도구를 손에 쥔 모습에서 [ ](이)라는 뜻이 생겼어요.

답 일

쓰는 순서 一 丆 丆 冂 彐 ⺕ 事 事

事	事						

일 사　　일 사

한자 3 부수 生 | 총 5획

生 날 생

땅 위에 새싹이 돋아나 자라는 모습에서 [ ] 또는 '살다'라는 뜻이 생겼어요.

답 나다(낳다)

쓰는 순서 丿 丿 仁 生 生

生	生						

날 생　　날 생

모양이 비슷한 한자 姓(성 성)

1 한자의 뜻과 음(소리)을 바르게 말한 동물을 찾아 ◯표 하세요.

2 다음 한자에 해당하는 뜻과 음(소리)을 찾아 선으로 이으세요.

점선 위로 겹쳐서 한자를 써 보세요.

연한 글씨 위로 겹쳐서 한자를 따라 써 보세요.

한자 4 부수 口 | 총 8획

命 목숨 명

命

윗사람이 아랫사람을 모아 명령을 내리는 모습에서 '명령' 또는 ◻◻◻(이)라는 뜻이 생겼어요.

답 목숨

쓰는 순서 ノ 人 人 今 今 合 命 命

命	命						
목숨 명	목숨 명						

한자 5 부수 木 | 총 12획

植 심을 식

植

나무를 곧게 세워서 심는 모습을 나타낸 한자로 ◻◻◻을/를 뜻해요.

답 심다

쓰는 순서 一 十 十 木 朮 朾 柿 桔 栫 植 植 植

植	植						
심을 식	심을 식						

모양이 비슷한 한자 直(곧을 직)

한자 6 부수 食 | 총 9획

食 밥 / 먹을 식

食

음식을 담는 그릇을 나타낸 한자로 ❶◻◻◻ 또는 ❷◻◻◻을/를 뜻해요.

답 ❶ 밥 ❷ 먹다

쓰는 순서 ノ 人 人 今 今 會 食 食 食

食	食						
밥 / 먹을 식	밥 / 먹을 식						

3 그림에서 한자 '밥 / 먹을 식'을 따라가 미로를 탈출하세요.

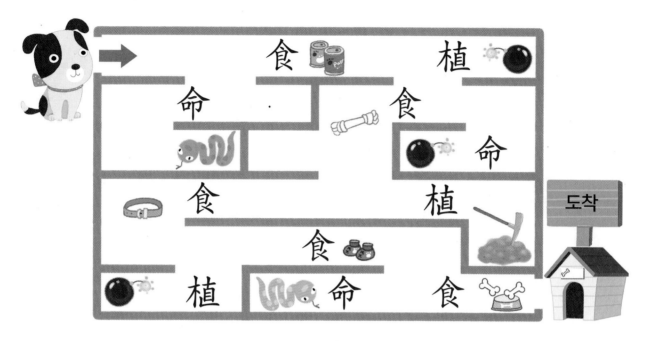

4 다음 한자의 뜻과 음(소리)으로 알맞은 것을 찾아 선으로 이으세요.

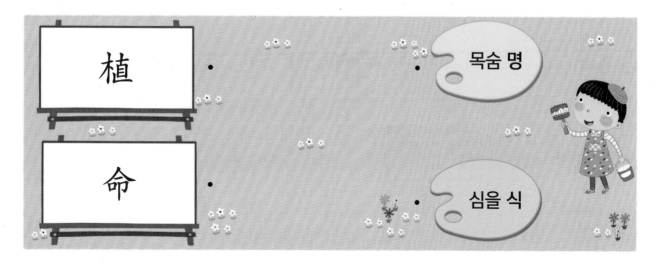

1 다음 한자의 뜻과 음(소리)을 쓰세요.

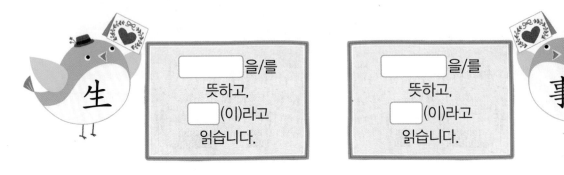

生 [____]을/를
뜻하고,
[__](이)라고
읽습니다.

[____]을/를
뜻하고,
[__](이)라고
읽습니다. 事

2 다음 문장의 내용이 맞으면 '예', 틀리면 '아니요'에 ○표 하세요.

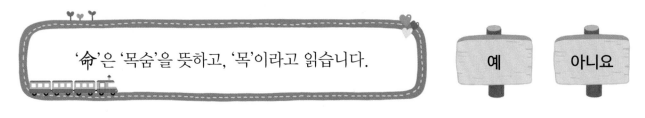

'命'은 '목숨'을 뜻하고, '목'이라고 읽습니다.

예   아니요

3 다음 밑줄 친 한자의 음(소리)에 해당하는 것을 찾아 ○표 하세요.

農사철에는 이웃끼리 서로 일을 도와줍니다.

농   강

4 다음 한자의 뜻과 음(소리)으로 알맞은 것을 찾아 선으로 이으세요.

植 ·   · 목숨 ·   · 식

命 ·   · 심다 ·   · 명

5 다음 음(소리)에 해당하는 한자를 찾아 ∨표 하세요.

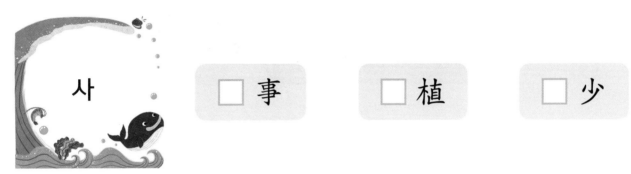

사   □ 事   □ 植   □ 少

6 친구들이 쓴 한자의 뜻과 음(소리)을 보기 에서 찾아 그 번호를 쓰세요.

보기

① 날 **생**   ② 밥 / 먹을 **식**   ③ 심을 **식**

植 → (   )   生 → (   )   食 → (   )

대표 한자어 01

부모
父	母
아버지 부	어머니 모

뜻 아버지와 어머니.

부자
父	子
아버지 부	아들 자

뜻 아버지와 아들.

저기 父母(부모)님과 함께 있는 아이를 봐.

아버지가 아들에게 목말을 태워 주네. 父子(부자)의 모습이 다정해 보여.

대표 한자어 02

조상
祖	上
할아버지 조	윗 상

뜻 자기 세대 이전의 모든 세대.

제사를 지내는 것은 祖上(조상) 대대로 전해 내려온 풍습이야.

대표 한자어 03

모녀
母	女
어머니 모	여자 녀

뜻 어머니와 딸.

우리 母女(모녀)는 함께 요리하는 것을 좋아해.

항상 널 응원해!

소 년

少	年
적을 소	해 년

뜻 아직 어른이 되지 않은 어린 남자아이.

少年(소년)의 해맑은 미소를 보니 온 세상이 밝아지는 것 같아.

자 녀

子	女
아들 자	여자 녀

뜻 아들과 딸을 아울러 이르는 말.

우리는 子女(자녀)가 아들 한 명, 딸 한 명이에요.

노 인

老	人
늙을 로	사람 인

뜻 나이가 많은 사람.

老人(노인)이 되었어도 아직 쌀 한 가마니는 거뜬하지!

참고 '老'가 낱말의 맨 앞에 올 때에는 '노'라고 읽어요.

대표 한자어 07

농부

農	夫
농사 농	지아비 부

뜻 농사를 짓는 사람.

농사

農	事
농사 농	일 사

뜻 농작물을 심어 기르고 거두어들이는 일.

황소가 農夫(농부) 아저씨를 도와 논을 갈고 있네.

소가 열심히 도와주고, 날씨도 좋으니 올해는 農事(농사)가 잘될 거야.

대표 한자어 08

생일

生	日
날 생	날 일

뜻 세상에 태어난 날.

生日(생일) 축하해!

대표 한자어 09

생명

生	命
날 생	목숨 명

뜻 사람이 살아서 숨 쉬고 활동할 수 있게 하는 힘.

生命(생명)은 소중해!

대표 한자어 10

식 구

食	口
밥 / 먹을 식	입 구

뜻 한 집에 살면서 끼니를 함께 먹는 사람.

다섯
食口(식구)의 모습이
행복해 보여.

대표 한자어 11

식 목

植	木
심을 식	나무 목

뜻 나무를 심음. 또는 그 나무.

4월 5일은
植木(식목)일이니
나무를 심자!

대표 한자어 12

식 사

食	事
밥 / 먹을 식	일 사

뜻 일정한 시간에 음식을 먹음. 또는 그 음식.

오늘
저녁 食事(식사)는
비빔밥이야.

1 다음 설명 에 해당하는 한자어를 찾아 ○표 하세요.

설명
> 세상에 태어난 날.

生日　　生命

Tip
'生'은 '나다(낳다)'를 뜻하고, ☐(이)라고 읽습니다.

답 생

2 다음 ○에 알맞은 글자를 넣어 낱말을 만드세요.

아직 어른이 되지 않은 어린 남자아이. ▶ ◯ 년

Tip
'少'는 '적다' 또는 '어리다'를 뜻하고, ☐(이)라고 읽습니다.

답 소

3 다음 뜻에 해당하는 낱말을 찾아 ○표 하세요.

나무를 심음.

농사　　　　식목

Tip
'植'은 ☐을/를 뜻하고, '식'이라고 읽습니다.

답 심다

4 '조상(祖上)'의 뜻을 바르게 설명한 것에 ○표 하세요.

자기 세대 이전의 모든 세대.　　　나이가 많은 사람.

Tip
'祖'는 ☐을/를 뜻하고, '조'라고 읽습니다.

답 할아버지

5 다음 문장의 내용이 맞으면 '예', 틀리면 '아니요'에 ○표 하세요.

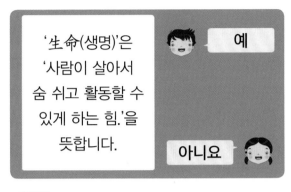

Tip

'命'은 (목숨, 이름)을 뜻하는 한자입니다.

답 목숨

6 다음 뜻에 해당하는 낱말을 찾아 선으로 이으세요.

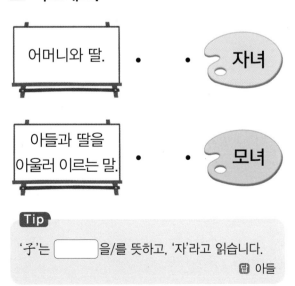

Tip

'子'는 [ ]을/를 뜻하고, '자'라고 읽습니다.

답 아들

7 다음 낱말 퍼즐을 푸세요.

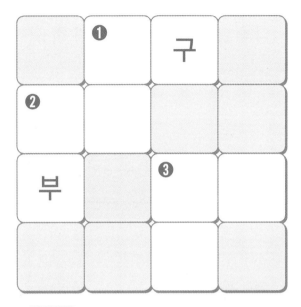

가로 열쇠

❶ 한 집에 살면서 끼니를 함께 먹는 사람.
❷ 농작물을 심어 기르고 거두어들이는 일.
❸ 아버지와 어머니.

세로 열쇠

❶ 일정한 시간에 음식을 먹음. 또는 그 음식.
❷ 농사를 짓는 사람.
❸ 아버지와 아들.

Tip

'농작물을 심어 기르고 거두어들이는 일.'을 뜻하는 한자어는 (農事, 農夫)입니다.

답 農事

전략 1 한자어의 음(소리) 쓰기

다음 밑줄 친 漢字語한자어**의 讀音**(독음: 읽는 소리)**을 쓰세요.**

> 보기
>
> 登山 ➡ 등산

• 우리 **祖上** 중에는 훌륭한 장군도 계십니다. ➡ (   )

답 | 조상

필수예제 | 01 |

다음 밑줄 친 漢字語한자어**의 讀音**(독음: 읽는 소리)**을 쓰세요.**

> 보기
>
> 入口 ➡ 입구

(1) **父母**님의 사랑은 셀 수 없이 큽니다. ➡ (   )

(2) 귀여운 강아지가 **老人**을 졸졸 따라다닙니다. ➡ (   )

> 먼저 글에 쓰인
> 한자어의 뜻을 알아내고,
> 각 한자의 음(소리)을 조합하여
> 읽도록 합니다.

(3) 모든 **生命**은 그 자체로서 보호받아야 합니다. ➡ (   )

전략 2 한자의 뜻과 음(소리) 쓰기

다음 漢字한자의 訓(훈: 뜻)과 音(음: 소리)을 쓰세요.

> **보기**
>
> 手 ➡ 손 **수**

• 老 ➡ (　　　　　)

답 늙을 로

필수 예제 02

다음 漢字한자의 訓(훈: 뜻)과 音(음: 소리)을 쓰세요.

> **보기**
>
> 動 ➡ 움직일 **동**

(1) 植 ➡ (　　　　　)

(2) 事 ➡ (　　　　　)

> 한자의 뜻과
> 음(소리)은 반드시 함께
> 알아 두어야 합니다.

(3) 少 ➡ (　　　　　)

전략 3   제시된 한자어 찾기

다음 밑줄 친 漢字語한자어를 보기 에서 찾아 그 번호를 쓰세요.

보기

　　① 生命　　② 農事　　③ 生日　　④ 老人

• 농사철이 되면 농부들의 손이 바빠집니다. → (　　　　　)

답 ②

필수 예제 03

다음 밑줄 친 漢字語한자어를 보기 에서 찾아 그 번호를 쓰세요.

보기

　　① 少年　　② 父母　　③ 農夫　　④ 食口

(1) 부지런한 농부가 소를 이용해서 밭을 갈고 있습니다. → (　　　　　)

(2) 이번 여름에는 식구들과 동해안을 여행하기로 했습니다. → (　　　　　)

먼저 글에 쓰인
낱말의 뜻을 알아내고,
그 뜻에 해당하는 한자어를
찾도록 합니다.

(3) 재영이는 책 읽기를 좋아하는 문학 소년입니다. → (　　　　　)

전략 4 제시된 뜻에 맞는 한자어 찾기

다음 뜻에 맞는 漢字語한자어를 보기 에서 찾아 그 번호를 쓰세요.

보기

① 農夫   ② 子女   ③ 生命   ④ 祖上

• 아들과 딸을 아울러 이르는 말. ➡ (   )

답 ②

필수 예제 04

다음 뜻에 맞는 漢字語한자어를 보기 에서 찾아 그 번호를 쓰세요.

보기

① 母女   ② 食事   ③ 生日   ④ 植木

(1) 일정한 시간에 음식을 먹음. 또는 그 음식. ➡ (   )

(2) 어머니와 딸. ➡ (   )

뜻에 해당하는 한자어가
생각나지 않을 때는 한자의
뜻을 조합하여 문제를
풀어 봅니다.

(3) 나무를 심음. 또는 그 나무. ➡ (   )

[한자어의 음(소리) 쓰기]

1 다음 밑줄 친 漢字語한자어의 讀音(독음: 읽는 소리)을 쓰세요.

동생에게 **生日** 선물로
그림책을 주었습니다.

→ (   )

Tip
'生'은 '나다(낳다)'를 뜻하고, '생'
이라고 읽습니다.

[한자어의 음(소리) 쓰기]

2 다음 밑줄 친 漢字語한자어의 讀音(독음: 읽는 소리)을 쓰세요.

우리는 뒷산에 소나무 열 그루를
植木했습니다.

→ (   )

Tip
'植'은 '심다'를 뜻하고, '식'이라고
읽습니다.

[한자의 뜻과 음(소리) 쓰기]

3 다음 漢字한자의 訓(훈: 뜻)과 音(음: 소리)을 쓰세요.

> 보기
>
> 登 → 오를 등

• 少 → (   )

Tip
'少'는 '적다'를 뜻하는 한자입니
다.

[제시된 한자어 찾기]

4 다음 밑줄 친 漢字語한자어를 보기에서 찾아 그 번호를
쓰세요.

> 보기
>
> ① 生日   ② 少年   ③ 生命   ④ 母女

• 소방대원들이 소중한 생명을 구해 주었습니다.

→ (   )

Tip
'생명'은 '사람이 살아서 숨 쉬고
활동할 수 있게 하는 힘.'을 뜻합니
다.

[제시된 한자어 찾기]

5 다음 밑줄 친 漢字語한자어를 보기에서 찾아 그 번호를 쓰세요.

보기
①子女　②母女　③父母　④父子

• 옆집 <u>부자</u>는 친구처럼 사이가 좋아 보입니다.

　　　　　　　　　　　➡ (　　　　　　)

[제시된 뜻에 맞는 한자어 찾기]

6 다음 뜻에 맞는 漢字語한자어를 보기에서 찾아 그 번호를 쓰세요.

보기
①祖上　②老人　③農夫　④食口

• 자기 세대 이전의 모든 세대.　➡ (　　　　　　)

[뜻과 음(소리)에 맞는 한자 찾기]

7 다음 訓(훈: 뜻)과 音(음: 소리)에 맞는 漢字한자를 보기에서 찾아 그 번호를 쓰세요.

보기
①農　②植　③母　④老

• 어머니 모 ➡ (　　　　　　)

누구나 만점 전략

01 다음 밑줄 친 한자어의 음(소리)을 쓰세요.

> <u>少年</u>이 커다란 막대 사탕을 들고 있습니다.

→ (   )

02 다음 ☐ 안에 들어갈 한자를 보기 에서 찾아 그 번호를 쓰세요.

> 보기
> ① 子   ② 母   ③ 父

• ☐ 녀: 어머니와 딸.

→ (   )

03 다음 한자의 뜻과 음(소리)을 쓰세요.

> 보기
> 話 → 말씀 화

(1) 生 → (   )

(2) 子 → (   )

04 다음 ☐ 안에 들어갈 한자에 ∨표 하세요.

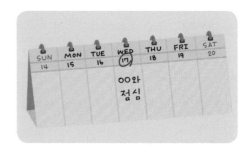

> 내일 친구와
> 점심 ☐ 事를 할 계획입니다.

☐ 農   ☐ 食

05 다음 한자의 뜻을 보기 에서 찾아 그 번호를 쓰세요.

> 보기
> ① 목숨   ② 할아버지   ③ 아버지

• 父 → (   )

06 다음 한자의 뜻과 음(소리)을 쓰세요.

> **보기**
> 足 → 발 족

(1) 老 → (   )

(2) 農 → (   )

07 다음 한자의 뜻을 보기에서 찾아 그 번호를 쓰세요.

> **보기**
> ① 일   ② 밥   ③ 아버지

• 事 → (   )

08 다음 뜻에 해당하는 한자어를 보기에서 찾아 그 번호를 쓰세요.

> **보기**
> ① 生命   ② 植木   ③ 農夫

• 농사를 짓는 사람.

→ (   )

09 다음 설명에 해당하는 한자어를 □ 안을 채워 완성하세요.

> **설명**
> 한 집에 살면서 끼니를 함께 먹는 사람.

답

10 다음 밑줄 친 낱말에 해당하는 한자어를 보기에서 찾아 그 번호를 쓰세요.

> **보기**
> ① 生命   ② 老人   ③ 生日

• 어린 시절 옆집에 <u>노인</u> 한 분이 살고 계셨습니다.

→ (   )

창의 융합

1 다음은 물놀이를 할 때 주의해야 할 점입니다. 밑줄 친 한자어의 음(소리)을 쓰세요.

- <u>食事</u> 직후에는 물에 들어가면 안 됩니다. ➡ (   )

창의 융합

2 위 대화를 읽고 농사를 통해 수확할 수 있는 농작물에는 무엇이 있는지 세 가지 이상 쓰세요.

➡ ( )

창의·융합·코딩 **전략 ❷**

1 다음 규칙 에 따라 칸을 색칠하고, 나타나는 한자의 뜻과 음(소리)을 쓰세요.

규칙

- 왼쪽 표의 숫자는 같은 색깔이 연속으로 칠해지는 가로 칸의 수를 나타냅니다.
- 숫자 칸의 색과 같은 색으로 오른쪽의 표를 칠합니다.

2	5	2
6	1	2
5	1	3
4	1	4
1	7	1
4	1	4
4	1	4
4	1	4
3	2	4

→

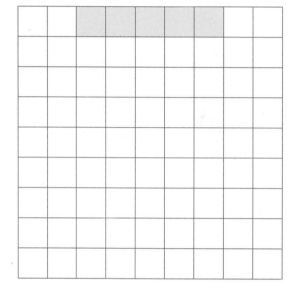

• 한자의 뜻과 음(소리) → (   )

2 다음 그림에 나타난 가족 구성원과 관련 <u>없는</u> 한자를 보기 에서 찾아 그 번호를 쓰세요.

보기

① 父   ② 子
③ 老   ④ 母

→ (   )

코딩

3 다음 <mark>조건</mark>에 따라 움직였을 때 도착하는 곳에 ○표 하세요.

<mark>조건</mark>

1. '父'는 '부'라고 읽습니다.
 • 맞으면 오른쪽으로 세 칸, 틀리면 아래로 두 칸 이동합니다.

2. '食'은 '밥 또는 먹다'를 뜻합니다.
 • 맞으면 아래로 세 칸, 틀리면 오른쪽으로 두 칸 이동합니다.

3. '父子'는 '어머니와 딸.'을 뜻합니다.
 • 맞으면 아래로 한 칸, 틀리면 오른쪽으로 두 칸 이동합니다.

4 다음 <mark>규칙</mark>을 참고하여 구한 값이 얼마인지 쓰세요.

<mark>규칙</mark>

• 내용이 맞으면 '참', 틀리면 '거짓'의 숫자를 선택하여 ○표 합니다.
• 문제의 '참'을 선택한 수를 더한 값에서 '거짓'을 선택한 수를 더한 값을 뺍니다.

참	문제	거짓
3	'事'는 '일'을 뜻합니다.	7
4	'命'은 '목숨'을 뜻하고, '생'이라고 읽습니다.	1
9	'祖上'은 '자기 세대 이전의 모든 세대.'라는 뜻입니다.	5
2	'식목일'에서 '심다'라는 뜻의 '식'을 한자로 나타내면 '植'입니다.	6

→ ( )

창의·융합·코딩 전략 ②

창의 융합

5 다음 대화를 보고 가 달력에 표시해야 할 날짜에 ○표 하고, 밑줄 친 한자어의 음(소리)을 쓰세요.

오늘이 4일이니까, 내 <u>生日</u>이 7일 남았네!

그다음은 내 <u>生日</u>이야.

그래? 달력에 표시를 안 했더라.

내 <u>生日</u>은 네 <u>生日</u>의 5일 뒤야.

그렇구나. 네가 달력에 표시해 줄래?

일	월	화	수	목	금	토
		1	2	3	4	5
6	7	8	9	10	11	12
13	14	15	16	17	18	19
20	21	22	23	24	25	26
27	28	29	30	31		

3月

• 한자어의 음(소리) ➡ (   )

창의 융합

6 다음 글을 읽고, '이것'과 관련이 깊은 한자를 한 글자로 쓰세요.

<u>이것</u>은 논이나 밭에 씨를 뿌리고 가꾸어 거두는 등의 농작물 재배 과정을 나타내는 말입니다. 우리가 매일 먹는 밥이 <u>이것</u>의 결과물이기도 합니다.

답

코딩

7 '출발' 지점에서 명령어 대로 한 칸씩 이동했을 때 만나는 한자의 뜻과 음(소리)을 쓰세요.

• 한자의 뜻과 음(소리) ➡ (   )

창의 융합

8 다음 규칙 을 참고하여 제시된 문장의 암호를 해독한 후, 그 암호에 해당하는 한자어를 쓰세요.

규칙

암호 규칙에서 ⬜ 는 子를 나타냅니다.

그는 내 ⬜◿ 의 은인입니다.

답

마음/상태 한자

🔍 학습할 한자

❶ 心 마음 심　　❷ 中 가운데 중　　❸ 安 편안 안　　❹ 便 편할 편 | 똥오줌 변

❺ 主 임금 / 주인 주　❻ 全 온전 전　　❼ 有 있을 유　　❽ 內 안 내　　❾ 重 무거울 중

❿ 不 아닐 불　　⓫ 平 평평할 평　　⓬ 空 빌 공

안전사고의 위험이 있어서[有] 화살은 선생님이 설명을 마치고 줄 거예요.

잠시 후

활을 쏘려면 먼저 바른 자세로 서야 해요. 두 발을 어깨너비만큼 벌리고 힘이 몸의 가운데[中]에 모이도록 편하게[安] 섭니다. 따라 해 보세요.

다음은 양쪽 어깨를 평평하게[平] 펴세요.

선생님, 그러니까 배가 너무 아프고 불편해요.

어휴, 창피해! 오늘 마음과 상태에 관한 한자 공부를 제대로 해야겠네.

점선 위로 겹쳐서 한자를 써 보세요.

연한 글씨 위로 겹쳐서 한자를 따라 써 보세요.

한자 1 부수 心 | 총 4획

心 마음 심

사람의 심장 모양을 본떠 그린 한자로 [　　　　]을/를 뜻해요.

답 마음

쓰는 순서 ` 心 心 心

心	心					
마음 심	마음 심					

모양이 비슷한 한자 必(반드시 필)

한자 2 부수 丨 | 총 4획

中 가운데 중

군사 진영의 가운데에 꽂혀 있는 깃발의 모습에서 [　　　　]을/를 뜻하게 되었어요.

답 가운데

쓰는 순서 丨 冂 口 中

中	中					
가운데 중	가운데 중					

한자 3 부수 宀 | 총 6획

安 편안 안

여자가 집 안에 편히 앉아 있는 모습에서 [　　　　](이)라는 뜻이 생겼어요.

답 편안

쓰는 순서 ` ` 宀 宀 安 安

安	安						
편안 안	편안 안						

---

1 칠판에 적힌 한자의 뜻과 음(소리)을 바르게 말한 동물을 찾아 ○표 하세요.

2 다음 뜻과 음(소리)에 해당하는 한자를 찾아 선으로 이으세요.

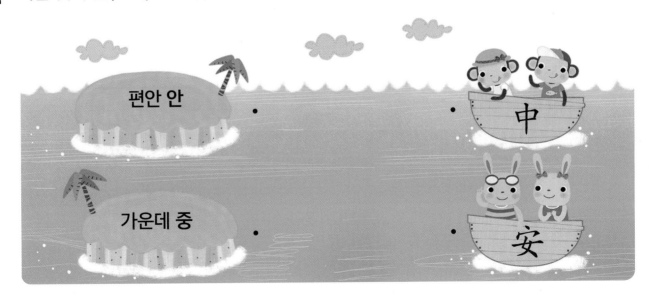

점선 위로 겹쳐서 한자를 써 보세요.

연한 글씨 위로 겹쳐서 한자를 따라 써 보세요.

한자 4 부수 人(亻) | 총 9획

便 편할 편 | 똥오줌 변

몸과 마음이 편하다는 데서 ❶ ⬚을/를 뜻해요. '똥오줌'이라는 뜻일 때는 ❷ ⬚ (이)라고 읽어요.

답 ❶ 편하다 ❷ 변

쓰는 순서 ノ 亻 亻 亻 仟 佢 佢 便 便

便	便						
편할 편 | 똥오줌 변	편할 편 | 똥오줌 변						

한자 5 부수 丶 | 총 5획

主 임금 / 주인 주

촛대를 그린 한자로, 한 집안을 밝혀야 할 사람 이라는 의미에서 ❶ ⬚ 또는 ❷ ⬚ 을/를 뜻해요.

답 ❶ 임금 ❷ 주인

쓰는 순서 丶 亠 二 主 主

主	主						
임금 / 주인 주	임금 / 주인 주						

모양이 비슷한 한자 王(임금 왕), 住(살 주)

한자 6 부수 入 | 총 6획

全 온전 전

흠집이 하나도 없는 옥을 표현한 한자로 ⬚을/를 뜻해요.

답 온전하다

쓰는 순서 ノ 入 스 스 全 全

全	全						
온전 전	온전 전						

모양이 비슷한 한자 金(쇠 금 | 성 김)

3 다음 그림에서 한자 '임금 / 주인 주'를 <u>모두</u> 찾아 ○표 하세요.

4 다음 한자의 뜻과 음(소리)으로 알맞은 것을 찾아 ○표 하세요.

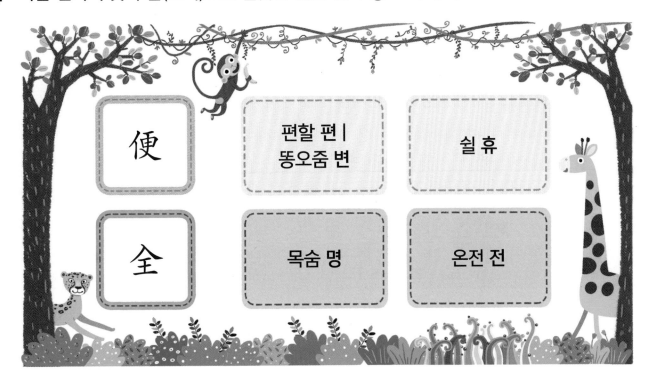

1 다음 한자의 뜻과 음(소리)으로 알맞은 것을 찾아 선으로 이으세요.

온전 전   편안 안   가운데 중   마음 심

2 다음 문장의 내용이 맞으면 '예', 틀리면 '아니요'에 ○표 하세요.

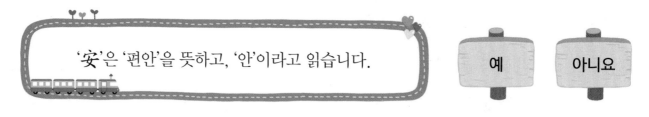

'安'은 '편안'을 뜻하고, '안'이라고 읽습니다.

예   아니요

3 다음 뜻과 음(소리)에 해당하는 한자를 보기 에서 찾아 그 번호를 쓰세요.

보기
① 安   ② 主   ③ 便   ④ 中

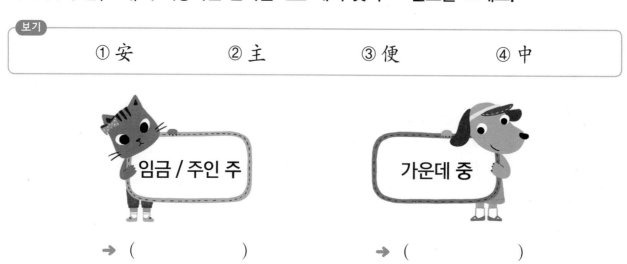

임금 / 주인 주

가운데 중

→ (   )

→ (   )

▶정답 16쪽

4 다음 밑줄 친 낱말에 해당하는 한자를 쓰세요.

이 필통의 <u>주인</u>을 찾습니다.

답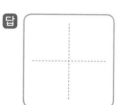

5 다음 한자의 뜻과 음(소리)으로 알맞은 것을 찾아 선으로 이으세요.

全 ·   · 마음 ·   · 전

心 ·   · 온전하다 ·   · 심

6 다음 한자 카드에 들어갈 한자나 한자의 뜻과 음(소리)을 빈칸에 쓰세요.

편할 편 | 똥오줌 변

中

점선 위로 겹쳐서 한자를 써 보세요.

연한 글씨 위로 겹쳐서 한자를 따라 써 보세요.

한자 1 부수 月 | 총 6획

有 있을 유

고기를 가지고 있는 모습에서 [   ] (이)라는 뜻이 생겼어요.

답 **있다**

쓰는 순서 ノ ナ ナ 有 有 有

有　有

있을 유　있을 유

> 뜻이 반대인 한자 空(빌 공), 無(없을 무)

한자 2 부수 入 | 총 4획

内 안 내

지붕 안쪽을 받치고 있는 기둥의 모양을 나타낸 것으로 [   ] 또는 '속'을 뜻해요.

답 **안**

쓰는 순서 ㅣ 冂 内 内

内　内

안 내　안 내

> 뜻이 반대인 한자 外(바깥 외)

한자 3 부수 里 | 총 9획

重 무거울 중

등에 짐을 지고 있는 모습에서 [   ] (이)라는 뜻이 생겼어요.

답 **무겁다**

쓰는 순서 ノ 二 千 千 千 舌 盲 重 重

重　重

무거울 중　무거울 중

> 모양이 비슷한 한자 動(움직일 동)

1 밑줄 친 말에 해당하는 한자를 바르게 나타낸 것에 ○표 하세요.

2 다음 뜻과 음(소리)에 해당하는 한자를 찾아 선으로 이으세요.

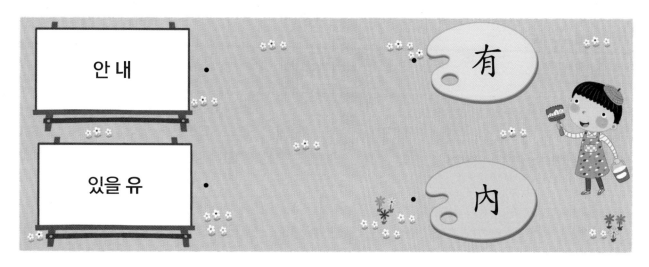

점선 위로 겹쳐서 한자를 써 보세요.

연한 글씨 위로 겹쳐서 한자를 따라 써 보세요.

한자 ④ 부수 一 | 총 4획

不 아닐 불

씨앗이 아직 싹을 틔우지 못한 상태라는 데서 ◻️을/를 뜻하게 되었어요.

답 **아니다**

쓰는 순서 一 ㄱ ㄱ 不

不	不						
아닐 불	아닐 불						

모양이 비슷한 한자 否(아닐 부)

한자 ⑤ 부수 干 | 총 5획

平 평평할 평

악기 소리의 울림이 고르게 퍼져 나가는 모습을 표현한 한자로 ◻️(이)라는 뜻이 생겼어요.

답 **평평하다**

쓰는 순서 一 ㄱ ㄱ ㄏ 平

平	平						
평평할 평	평평할 평						

한자 ⑥ 부수 穴 | 총 8획

空 빌 공

도구를 가지고 구덩이 파는 것을 나타낸 것으로 ◻️ 또는 '구멍'을 뜻해요.

답 **비다**

쓰는 순서 ` ` ` 宀 宀 宀 空 空

空	空						
빌 공	빌 공						

뜻이 반대인 한자 有(있을 유)

3 다음 그림에 해당하는 한자를 바르게 나타낸 것에 √표 하세요.

☐ 平   ☐ 不   ☐ 空   ☐ 心

4 다음 한자의 뜻과 음(소리)으로 알맞은 것을 찾아 선으로 이으세요.

平 · · 평평하다 · · 공

空 · · 바다 · · 평

1 다음 한자의 뜻과 음(소리)을 쓰세요.

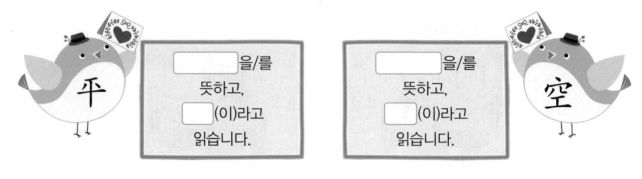

平 [　　　　]을/를 뜻하고, [　](이)라고 읽습니다.

空 [　　　　]을/를 뜻하고, [　](이)라고 읽습니다.

2 친구들이 쓴 한자의 뜻과 음(소리)을 보기 에서 찾아 그 번호를 쓰세요.

> 보기
>
> ① 무거울 **중**　　　② 있을 **유**　　　③ 안 **내**

有 → (　　　　)

重 → (　　　　)

3 다음 음(소리)에 해당하는 한자를 찾아 ∨표 하세요.

불

☐ 平　　　☐ 不　　　☐ 中

4 다음 밑줄 친 낱말에 해당하는 한자를 찾아 ◯표 하세요.

옷장 <u>안</u>에 옷을 넣고 있습니다.

| 內 | 外 |

5 다음 한자 카드에 들어갈 한자나 한자의 뜻과 음(소리)을 빈칸에 쓰세요.

무거울 중

不

6 다음 문장의 내용이 맞으면 '예', 틀리면 '아니요'에 ◯표 하세요.

'內'의
음(소리)은
'내'입니다.

예

아니요

'不'의 뜻은
'아니다'입니다.

예

아니요

대표 한자어 01

문안 問安
물을 문 / 편안 안

뜻 웃어른께 안부를 여쭘.

편안 便安
편할 편 / 편안 안

뜻 몸과 마음이 편하고 걱정 없이 좋음.

問安(문안) 인사로 어떤 말씀을 드려야 해?

할머니, 할아버지, 안녕히 주무셨어요?

아프신 곳은 없는지, 便安(편안)하신지 여쭤보면 돼.

대표 한자어 02

일심 一心
한 일 / 마음 심

뜻 한 마음.

우리 一心(일심) 동체가 되어 열심히 해 보자!

대표 한자어 03

중립 中立
가운데 중 / 설 립

뜻 어느 쪽에도 치우치지 않고 공정함.

저는 앞으로도 계속 中立(중립)을 유지할 것입니다.

항상 널 응원해!

전 력

全	力
온전 전	힘 력

뜻 모든 힘.

선수들이
全力(전력)을 다해
경기하고 있어.

변 소

便	所
똥오줌 변	바 소

뜻 대소변을 볼 수 있게 만들어 놓은 곳.

便所(변소)를
깨끗하게 청소하니
뿌듯해.

주 인

主	人
임금/주인 주	사람 인

뜻 대상이나 물건을 소유한 사람.

이 물건의
主人(주인)은
민재야.

2주 **03**일 급수 한자어 **대표 전략 ①**

대표 한자어 | **07** |

불평

不	平
아닐 불	평평할 평

뜻 마음에 들지 않아 못마땅하게 여김.

부정

不	正
아닐 불	바를 정

뜻 옳지 않음.

참고 '不'의 음이 달라져서 '不正'을 '부정'이라고 읽어요.

대표 한자어 | **08** |

유명

有	名
있을 유	이름 명

뜻 이름이 세상에 널리 알려져 있음.

대표 한자어 | **09** |

실내

室	内
집 실	안 내

뜻 방이나 건물의 안.

대표 한자어 | 10 |

공 간

空	間
빌 공	사이 간

뜻 아무것도 없는 빈 곳.

이 空間(공간)은
누구나 이용할 수
있어.

대표 한자어 | 11 |

중 력

重	力
무거울 중	힘 력

뜻 지구 위의 물체가 지구로부터 받는 힘.

물건이 위에서
아래로 떨어지는
것은 重力(중력)
때문이야.

대표 한자어 | 12 |

평 일

平	日
평평할 평	날 일

뜻 휴일이나 기념일이 아닌 보통의 날.

내가 좋아하는
떡볶이 가게는
平日(평일)만
문을 열어.

1 다음 뜻에 해당하는 낱말을 찾아 선으로 이으세요.

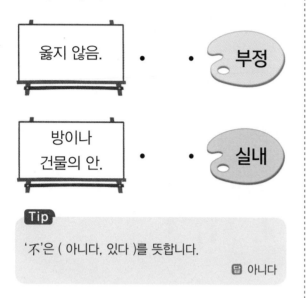

옳지 않음. · · 부정

방이나 건물의 안. · · 실내

> **Tip**
>
> '不'은 (아니다, 있다)를 뜻합니다.
>
> 답 아니다

2 다음 ◯에 알맞은 글자를 넣어 낱말을 만드세요.

대소변을 볼 수 있게 만들어 놓은 곳. ▶ ◯ 소

> **Tip**
>
> '便'은 '편하다' 또는 '똥오줌'을 뜻하고, ◻(이)라고 읽습니다.
>
> 답 편 또는 변

3 다음 문장의 내용이 맞으면 '예', 틀리면 '아니요'에 ◯표 하세요.

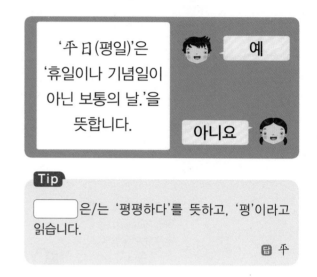

'平日(평일)'은 '휴일이나 기념일이 아닌 보통의 날.'을 뜻합니다.

예

아니요

> **Tip**
>
> ◻은/는 '평평하다'를 뜻하고, '평'이라고 읽습니다.
>
> 답 平

4 다음 설명에 해당하는 한자어를 찾아 ◯표 하세요.

> 설명
>
> 아무것도 없는 빈 곳.

空間   便所

> **Tip**
>
> '空'은 ◻을/를 뜻하고, '공'이라고 읽습니다.
>
> 답 비다

5 다음 문장에 어울리는 한자어를 찾아 ○표 하세요.

이 그림은 세계적으로
(*有名*, *主人*)한 작품입니다.

Tip

'*有*'는 '있다'를 뜻하고, ☐(이)라고 읽습니다.

답 유

6 '일심(*一心*)'의 뜻을 바르게 설명한 것에 ○표 하세요.

대상이나 물건을 소유한 사람.

한 마음.

Tip

'*心*'은 ☐을/를 뜻하고, '심'이라고 읽습니다.

답 마음

7 다음 낱말 퍼즐을 푸세요.

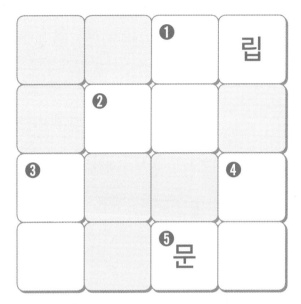

가로 열쇠

❶ 어느 쪽에도 치우치지 않고 공정함.
❷ 모든 힘.
❺ 웃어른께 안부를 여쭘.

세로 열쇠

❶ 지구 위의 물체가 지구로부터 받는 힘.
❸ 마음에 들지 않아 못마땅하게 여김.
❹ 몸과 마음이 편하고 걱정 없이 좋음.

Tip

'몸과 마음이 편하고 걱정 없이 좋음.'을 뜻하는 한자어는 (*便安*, *問安*)입니다.

답 *便安*

전략 1 한자어의 음(소리) 쓰기

다음 밑줄 친 漢字語한자어의 讀音(독음: 읽는 소리)을 쓰세요.

> 보기
>
> 老人 ➡ 노인

• 아버지께서는 하루도 빠짐없이 할아버지께 전화로 **問安**을 드립니다.

➡ (   )

답 문안

필수 예제 01

다음 밑줄 친 漢字語한자어의 讀音(독음: 읽는 소리)을 쓰세요.

> 보기
>
> 祖上 ➡ 조상

(1) 나는 동혁이와 소영이가 싸울 때마다 **中立**을 지킵니다. ➡ (   )

(2) 이 우산의 **主人**은 김천재입니다. ➡ (   )

> 글에 쓰인
> 한자어의 뜻을 알아내고,
> 각 한자의 음(소리)을 조합하여
> 읽도록 합니다.

(3) 우주는 무한대의 **空間**으로 펼쳐져 있습니다. ➡ (   )

전략 2 한자의 뜻과 음(소리) 쓰기

다음 漢字한자의 訓(훈: 뜻)과 音(음: 소리)을 쓰세요.

보기

子 ➡ 아들 **자**

• 心 ➡ (   )

답 마음 심

필수예제 02

다음 漢字한자의 訓(훈: 뜻)과 音(음: 소리)을 쓰세요.

보기

事 ➡ 일 **사**

(1) 便 ➡ (   )

(2) 有 ➡ (   )

(3) 全 ➡ (   )

한자의 뜻과
음(소리)은 반드시 함께
알아 두어야 합니다.

전략 **3**   뜻과 음(소리)에 맞는 한자 찾기

다음 訓(훈: 뜻)과 音(음: 소리)에 맞는 漢字한자를 보기 에서 찾아 그 번호를 쓰세요.

> 보기
>
> ① 主   ② 空   ③ 重   ④ 不

● 빌 공 → (   )

답 ②

필수 예제 | 03 |

다음 訓(훈: 뜻)과 音(음: 소리)에 맞는 漢字한자를 보기 에서 찾아 그 번호를 쓰세요.

> 보기
>
> ① 中   ② 平   ③ 安   ④ 內

(1) 평평할 평 → (   )

(2) 안 내 → (   )

한자는 글자마다
뜻과 음(소리)을 가지고
있어서, 한자의 뜻과 음(소리)을
모두 잘 기억해야 합니다.

(3) 가운데 중 → (   )

▶정답 18쪽

전략 4 제시된 한자어 찾기

다음 밑줄 친 漢字語한자어를 보기 에서 찾아 그 번호를 쓰세요.

보기

① 有名　　② 不平　　③ 全力　　④ 重力

• 지구의 <u>중력</u> 때문에 사람은 땅 위에 설 수 있습니다. ➡ (　　　　　　)

답 ④

필수 예제 04

다음 밑줄 친 漢字語한자어를 보기 에서 찾아 그 번호를 쓰세요.

보기

① 便安　　② 不正　　③ 便所　　④ 室內

(1) 나는 아픈 배를 잡고 <u>변소</u>로 뛰어갔습니다. ➡ (　　　　　　)

(2) 승빈이는 사소한 <u>부정</u>이라도 보면 그냥 지나치는 법이 없습니다.
➡ (　　　　　　)

(3) 오늘은 비가 와서 <u>실내</u> 체육관에서 체육 수업을 했습니다. ➡ (　　　　　　)

[한자어의 음(소리) 쓰기]

1 다음 밑줄 친 漢字語한자어의 讀音(독음: 읽는 소리)을 쓰세요.

민지는 경기에서 이기려고 **全力**을 다해 달렸습니다.

➔ (   )

Tip
'全'은 '온전하다'를 뜻하고, '전'이라고 읽습니다.

[한자어의 음(소리) 쓰기]

2 다음 밑줄 친 漢字語한자어의 讀音(독음: 읽는 소리)을 쓰세요.

아버지께서는 **平日**에 일하시고, 주말은 가족과 시간을 보내십니다.

➔ (   )

Tip
'平'은 '평평하다'를 뜻하고, '평'이라고 읽습니다.

[한자의 뜻과 음(소리) 쓰기]

3 다음 漢字한자의 訓(훈: 뜻)과 音(음: 소리)을 쓰세요.

> 보기
>
> 母 ➔ 어머니 **모**

• 主 ➔ (   )

Tip
'主'는 '임금' 또는 '주인'을 뜻하는 한자입니다.

[뜻과 음(소리)에 맞는 한자 찾기]

4 다음 訓(훈: 뜻)과 音(음: 소리)에 맞는 漢字한자를 보기 에서 찾아 그 번호를 쓰세요.

> 보기
>
> ① 重   ② 內   ③ 安   ④ 全

• 안 내 ➔ (   )

Tip
'실내'는 '방이나 건물의 안.'을 뜻합니다.

▶정답 19쪽

[뜻과 음(소리)에 맞는 한자 찾기]

5 다음 訓(훈: 뜻)과 音(음: 소리)에 맞는 漢字한자를 보기 에서 찾아 그 번호를 쓰세요.

> 보기
> ① 中   ② 心   ③ 主   ④ 有

● 있을 유 ➡ (   )

[제시된 한자어 찾기]

6 다음 밑줄 친 漢字語한자어를 보기 에서 찾아 그 번호를 쓰세요.

> 보기
> ① 中立   ② 便所   ③ 便安   ④ 不正

● 저희 호텔은 고객의 <u>편안</u>함을 위해 최선을 다하고 있습니다.
➡ (   )

[제시된 뜻에 맞는 한자어 찾기]

7 다음 뜻에 맞는 漢字語한자어를 보기 에서 찾아 그 번호를 쓰세요.

> 보기
> ① 空間   ② 主人   ③ 有名   ④ 一心

● 아무것도 없는 빈 곳. ➡ (   )

01 다음 밑줄 친 낱말에 해당하는 한자어를 보기 에서 찾아 그 번호를 쓰세요.

> 보기
> ① 全力 ② 一心 ③ 中立

하나! 둘!

- 우리 반 친구들은 좋은 성적을 내기 위해 모두 <u>일심</u>으로 협동하였습니다.

  → (   )

02 다음 한자의 뜻과 음(소리)을 쓰세요.

> 보기
> 祖 → 할아버지 조

(1) 有 → (   )

(2) 全 → (   )

03 다음 뜻에 해당하는 한자어를 보기 에서 찾아 그 번호를 쓰세요.

> 보기
> ① 問安 ② 空間 ③ 重力

- 지구 위의 물체가 지구로부터 받는 힘.

  → (   )

04 다음 ☐ 안에 들어갈 한자를 보기 에서 찾아 그 번호를 쓰세요.

> 보기
> ① 安   ② 有   ③ 平

- 問 ☐ : 웃어른께 안부를 여쭘.

  → (   )

05 다음 설명 에 해당하는 한자어를 ☐ 안을 채워 완성하세요.

> 설명
> 방이나 건물의 안.

답

06 다음 ☐ 안에 들어갈 한자에 ∨표 하세요.

이곳은 내가 좋아하는
☐ 名 축구 선수의 고향입니다.

☐ 有　　　　☐ 重

07 다음 ☐ 안에 들어갈 한자를 보기 에서 찾아 그 번호를 쓰세요.

보기
① 主　　　② 空　　　③ 心

• ☐ 人: 대상이나 물건을 소유한
　　　사람.
　　　　➡ (　　　　　　)

08 다음 뜻과 음(소리)에 해당하는 한자를 보기 에서 찾아 그 번호를 쓰세요.

보기
① 中　　　② 內　　　③ 便

• 편할 편 | 똥오줌 변
　　　　➡ (　　　　　　)

09 다음 한자의 뜻을 보기 에서 찾아 그 번호를 쓰세요.

보기
① 평평하다　② 아니다　③ 편안

• 不 ➡ (　　　　　　)

10 다음 밑줄 친 한자어의 음(소리)을 쓰세요.

꽤 어려운 부탁이었는데
不平 없이 도와준 친구가
고마웠습니다.

➡ (　　　　　　)

창의 융합
1 위 대화를 읽고 여러 사람이 마음을 모아 일심동체가 되는 방법에 무엇이 있는지 쓰세요.

→ (   )

2 위 대화를 읽고 오늘이 무슨 요일인지 쓰세요.

➡ ( )

창의·융합·코딩 전략 ❷

코딩

1 다음 규칙 에 따라 칸을 색칠하고, 나타나는 한자의 뜻과 음(소리)을 쓰세요.

> 규칙
> • 왼쪽 표의 숫자는 같은 색깔이 연속으로 칠해지는 가로 칸의 수를 나타냅니다.
> • 숫자 칸의 색과 같은 색으로 오른쪽의 표를 칠합니다.

2	3	4		
3	1	1	1	3
2	1	3	1	2
1	1	5	1	1
3	3	3		
4	1	4		
3	3	3		
4	1	4		
2	5	2		

→

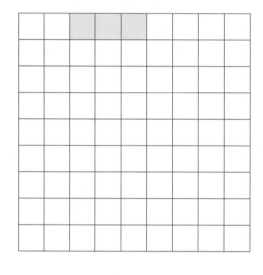

• 한자의 뜻과 음(소리) → (　　　　　　　　)

2 그림일기를 읽고, 밑줄 친 한자어의 음(소리)을 기호에 맞게 쓰세요.

△월 △일 △요일　날씨: ☀

4교시에 2반과 축구 시합을 했다. 우리 반 친구들은 ㉠全力을 다해 뛰었고, 양 팀 모두 ㉡不正 행위 없이 경기를 마쳤다.

골은 많이 못 넣었지만 재미있었다.

답 ㉠全力 → (　　　　　　), ㉡不正 → (　　　　　　　)

3 다음 뜻에 해당하는 한자어를 쓴 뒤, 명령어 를 보고 한자어에 해당하는 전광판을 겹쳐서 색칠하여 숫자를 완성하세요.

몸과 마음이 편하고
걱정 없이 좋음.

답

4 다음 규칙 을 참고하여 구한 값이 얼마인지 쓰세요.

> 규칙
> • 내용이 맞으면 '참', 틀리면 '거짓'의 숫자를 선택하여 ○표 합니다.
> • 문제의 '참'을 선택한 수를 더한 값에서 '거짓'을 선택한 수를 더한 값을 뺍니다.

참	문제	거짓
5	'空'은 '비다'를 뜻하고, '공'이라고 읽습니다.	2
1	'全'은 '임금' 또는 '주인'을 뜻합니다.	3
8	'問安'은 '웃어른께 안부를 여쭘.'이라는 뜻입니다.	7

→ (   )

5 다음 밑줄 친 말에 해당하는 한자를 쓰세요.

> 이 한자는 바닥이 고르고 넓게 퍼져 있는 상태를 나타냅니다. 축구와 같이 공을 가지고 운동할 때에는 바닥이 <u>평평한</u> 곳에서 해야 합니다.

답

6 칠교판의 각 색깔에 쓰여 있는 뜻과 음(소리)에 맞는 한자를 보기 에서 찾아 그 번호를 □ 안에 쓰세요.

보기

① 不   ② 平   ③ 中   ④ 空   ⑤ 安   ⑥ 内   ⑦ 心

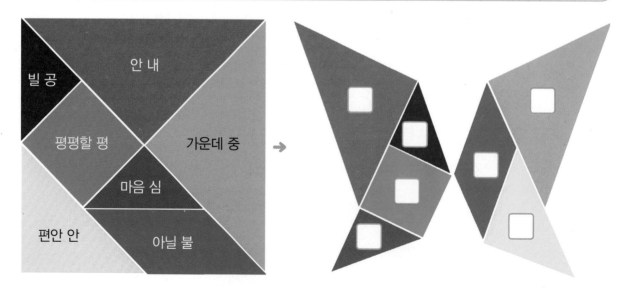

▶정답 19쪽

코딩

7 다음 **암호문** 을 참고하여 한자의 뜻과 음(소리)을 완성하고, 해당하는 한자를 쓰세요.

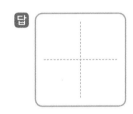

창의 융합

8 다음 **규칙** 을 참고하여 제시된 문장의 암호를 해독한 후, 그 암호에 해당하는 한자어를 쓰세요.

규칙

암호 규칙에서 ☐ 는 中을 나타냅니다.

지구의 ☐☐은
달 ☐☐의 6배입니다.

답

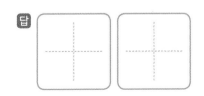

모두 고생했어요.
이제 점심 食事(식사)하러
갑시다.

모를 심을 때는 시원한
空間(공간)에서 便安(편안)하게
쉬고 싶은 마음뿐이었는데,
다 심은 걸 보니 정말 뿌듯하다!

그러게. 오늘 점심은 이곳에서
수확한 쌀로 지은 밥과 맛있는 반찬이래.

열심히 일했으니
밥 두 그릇 먹어도 되겠지?
흐흐!

🐻 만화를 보고, 지금까지 배운 한자를 기억해 보세요.

1주 | 가족 / 농사 한자

祖 父 母 子 老 少 農 事 生 命 植 食

2주 | 마음 / 상태 한자

心 中 安 便 主 全 有 內 重 不 平 空

가족 한자

1 다음은 승호의 그림일기입니다. 일기를 읽고, 물음에 답하세요.

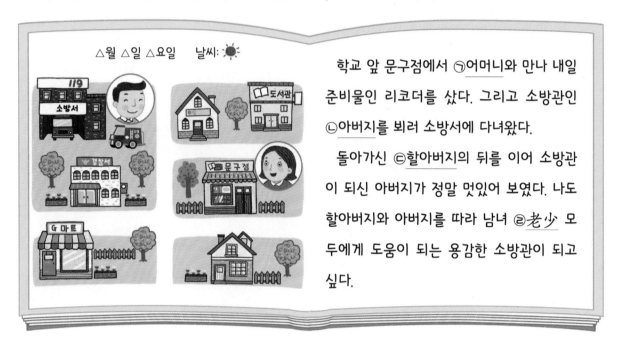

△월 △일 △요일   날씨: ☀

학교 앞 문구점에서 ⊙어머니와 만나 내일 준비물인 리코더를 샀다. 그리고 소방관인 ⓒ아버지를 뵈러 소방서에 다녀왔다.

돌아가신 ⓒ할아버지의 뒤를 이어 소방관이 되신 아버지가 정말 멋있어 보였다. 나도 할아버지와 아버지를 따라 남녀 ⓔ老少 모두에게 도움이 되는 용감한 소방관이 되고 싶다.

❶ 일기에 나타난 가족 구성원을 기호에 맞게 한자로 쓰세요.

⊙ 어머니   ⓒ 아버지   ⓒ 할아버지

답 □   답 □   답 □

❷ ⓔ의 음(소리)에 해당하는 것을 보기 에서 찾아 그 번호를 쓰세요.

보기
① 주소   ② 노인   ③ 노소

➡ (   )

Tip
'老'가 낱말의 맨 앞에 올 때는 □□□(이)라고 읽습니다.

답 노

농사 한자

2 다음은 △△초등학교 체험 안내문입니다. 안내문을 보고, 물음에 답하세요.

일일 ㉠農事 체험 안내문

- 날짜: 20○○년 ○○월 ○○일
- 대상: △△초등학교 3~4학년
- 장소: ☆☆시 □□ 마을
- 목적: 직접 수확한 농작물로 ㉡食事하고, ㉢農夫 아저씨께 고마움 느끼기
- 일정: 고구마 캐기 → 점심 먹기 → 고구마 케이크 만들기

❶ ㉠의 음(소리)에 해당하는 것을 보기 에서 찾아 그 번호를 쓰세요.

보기

① 식사   ② 농사   ③ 농부

- ㉠ 農事 ➡ (   )

❷ 한자어 ㉡과 ㉢의 음(소리)을 쓰세요.

- ㉡ 食事 ➡ (   )
- ㉢ 農夫 ➡ (   )

Tip

'農'의 음(소리)은 ❶[   ](이)고, '事'의 음(소리)은 ❷[   ]입니다.

답 ❶농 ❷사

마음 한자

3 보기에 있는 한자의 뜻을 다음과 같이 A, B로 나누었습니다. 다음 물음에 답하세요.

보기

心　　全　　便　　主　　安　　中

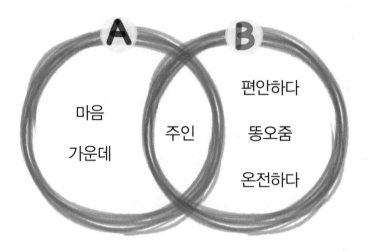

A

마음

가운데

주인

B

편안하다

똥오줌

온전하다

❶ A에 해당하지 <u>않는</u> 한자를 보기에서 **모두** 찾아 쓰세요.

답

　　　,　　　,

❷ A와 B에 공통으로 해당하는 한자를 보기에서 찾아 쓰세요.

답

Tip --
'便'의 뜻은 ❶[　　　](이)고, '安'의 뜻은 ❷[　　　]입니다.

답 ❶ 편하다 또는 똥오줌 ❷ 편안하다

4 지민이가 자신의 방을 소개하고 있습니다. 다음 물음에 답하세요.

제 방 ㉠안의 모습입니다. 저는 심심할 때 저만의 ㉡空間에서 그림을 그립니다.

❶ ㉠이 뜻하는 한자를 보기 에서 찾아 그 번호를 쓰세요.

> 보기
>
> ① 有   ② 不   ③ 內

• ㉠안 ➡ (   )

❷ 한자어 ㉡의 음(소리)을 쓰세요.

• ㉡ 空間 ➡ (   )

> **Tip**
>
> '아무것도 없는 빈 곳.'을 [   ](이)라고 합니다.

답 공간

[문제 01~02] 다음 밑줄 친 漢字語한자어의 讀音(독음: 읽는 소리)을 쓰세요.

보기

出動 ➡ 출동

어제 01祖上님의 제사를 드리려고 시골 할머니, 할아버지 댁에 다녀왔습니다. 제사를 지내고 저녁 02食事를 하면서 아버지의 어릴 적 이야기를 들었습니다.

01 祖上 ➡ (   )

02 食事 ➡ (   )

[문제 03~04] 다음 漢字한자의 訓(훈: 뜻)과 音(음: 소리)을 쓰세요.

보기

手 ➡ 손 수

03 生 ➡ (   )

04 農 ➡ (   )

▶정답 20쪽

[문제 05~06] 다음 訓(훈: 뜻)과 音(음: 소리)에 맞는 漢字한자를 보기 에서 찾아 그 번호를 쓰세요.

보기
① 食   ② 植

05
밥 / 먹을 식

06
심을 식

[문제 07~08] 다음 밑줄 친 漢字語한자어를 보기 에서 찾아 그 번호를 쓰세요.

보기
① 生命   ② 父子

07 우리 <u>부자</u>는 수영을 같이 배웁니다.
→ (   )

08 <u>생명</u>을 유지하기 위해 가장 필요한 것은 물입니다.   → (   )

[문제 09~10] 다음 訓(훈: 뜻)과 音(음: 소리)에 맞는 漢字한자를 보기 에서 찾아 그 번호를 쓰세요.

> **보기**
> ① 子　　② 少　　③ 命　　④ 事

09 아들 자 ➡ (　　　　　)

10 적을 소 ➡ (　　　　　)

[문제 11~12] 다음 漢字한자의 상대 또는 반대되는 漢字한자를 보기 에서 찾아 그 번호를 쓰세요.

> **보기**
> ① 父　　② 祖　　③ 生　　④ 少

11 老 ↔ (　　　　　)

12 母 ↔ (　　　　　)

[문제 13~14] 다음 뜻에 맞는 漢字語_{한자어}를 보기 에서 찾아 그 번호를 쓰세요.

보기
① 一心   ② 農事   ③ 母女

13 어머니와 딸. → (   )

14 농작물을 심어 기르고 거두어들이는 일.
→ (   )

[문제 15~16] 다음 漢字_{한자}의 진하게 표시된 획은 몇 번째 쓰는지 보기 에서 찾아 그 번호를 쓰세요.

보기
① 세 번째   ② 네 번째
③ 다섯 번째   ④ 여섯 번째

15

(   )

16 祖

(   )

[문제 01~02] 다음 밑줄 친 漢字語한자어의 讀音(독음: 읽는 소리)을 쓰세요.

보기

手話 ➜ 수화

내가 좋아하는 01有名 연예인의 콘서트에 다녀왔습니다. 다른 팬들과 한 마음이 되어 응원하다가 그만 지갑을 잃어버렸습니다. 다행히 분홍색 지갑의 02主人을 찾는다는 안내 방송이 나와, 지갑을 찾을 수 있었습니다.

01 有名 ➜ (   )

02 主人 ➜ (   )

[문제 03~04] 다음 漢字한자의 訓(훈: 뜻)과 音(음: 소리)을 쓰세요.

보기

動 ➜ 움직일 동

03 不 ➜ (   )

04 心 ➜ (   )

[문제 05~06] 다음 訓(훈: 뜻)과 音(음: 소리)에 맞는 漢字한자를 보기 에서 찾아 그 번호를 쓰세요.

보기

① 重   ② 平

05

평평할 **평**

06

무거울 **중**

[문제 07~08] 다음 밑줄 친 漢字語한자어를 보기 에서 찾아 그 번호를 쓰세요.

보기

① 便安   ② 不正

07 넉넉한 옷을 입으니 <u>편안</u>합니다.

➡ (   )

08 아버지께서 실패는 용서해도 <u>부정</u>은 용서할 수 없다고 말씀하셨습니다.

➡ (   )

[문제 09~10] 다음 訓(훈: 뜻)과 音(음: 소리)에 맞는 漢字한자를 보기 에서 찾아 그 번호를 쓰세요.

보기
① 重　② 中　③ 不　④ 有

09 가운데 중 ➡ (　　　　　)

10 있을 유 ➡ (　　　　　)

[문제 11~12] 다음 漢字한자의 상대 또는 반대되는 漢字한자를 보기 에서 찾아 그 번호를 쓰세요.

보기
① 有　② 平　③ 内　④ 心

11 外 ↔ (　　　　　)

12 空 ↔ (　　　　　)

[문제 13~14] 다음 뜻에 맞는 漢字語한자어를 보기 에서 찾아 그 번호를 쓰세요.

보기

① 不平　　② 室內　　③ 全力

13 방이나 건물의 안.

→ (　　　　　)

14 모든 힘. → (　　　　　)

[문제 15~16] 다음 漢字한자의 진하게 표시된 획은 몇 번째 쓰는지 보기 에서 찾아 그 번호를 쓰세요.

보기

① 세 번째　　② 네 번째

③ 다섯 번째　　④ 여섯 번째

15

(　　　　　)

16

(　　　　　)

교과 학습 한자어 | 01 |

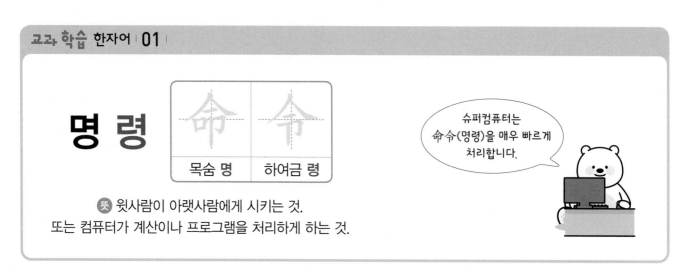

명 령

命	令
목숨 명	하여금 령

> 슈퍼컴퓨터는 命令(명령)을 매우 빠르게 처리합니다.

뜻 윗사람이 아랫사람에게 시키는 것.
또는 컴퓨터가 계산이나 프로그램을 처리하게 하는 것.

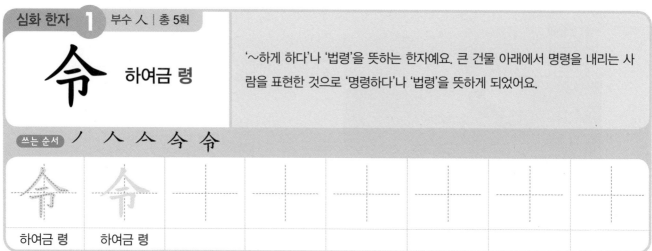

심화 한자 ① 부수 人 | 총 5획

令 하여금 령

'~하게 하다'나 '법령'을 뜻하는 한자예요. 큰 건물 아래에서 명령을 내리는 사람을 표현한 것으로 '명령하다'나 '법령'을 뜻하게 되었어요.

쓰는 순서 ノ 人 △ 今 令

令	令						
하여금 령	하여금 령						

1 다음 한자어에 해당하는 뜻을 찾아 선으로 이으세요.

命令 •

• 윗사람이 아랫사람에게 시키는 것.

• 마땅히 따르고 지켜야 할 법칙과 원리.

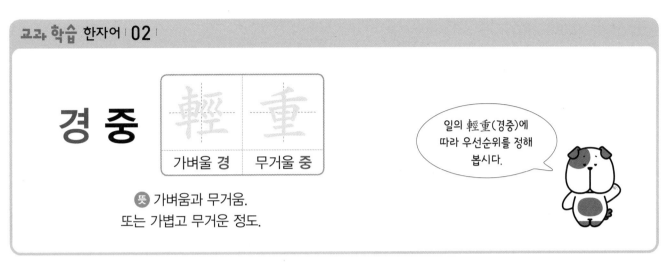

교과 학습 한자어 02

경 중

輕	重
가벼울 경	무거울 중

뜻 가벼움과 무거움.
또는 가볍고 무거운 정도.

일의 輕重(경중)에 따라 우선순위를 정해 봅시다.

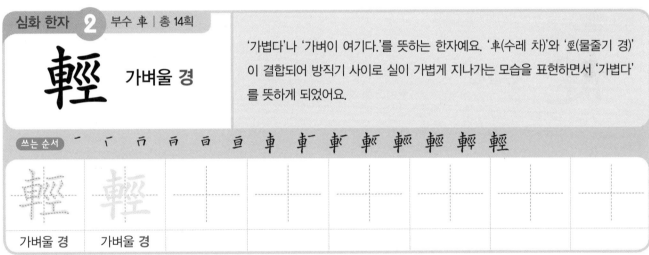

심화 한자 ❷ 부수 車 | 총 14획

輕 가벼울 경

'가볍다'나 '가벼이 여기다.'를 뜻하는 한자예요. '車(수레 차)'와 '巠(물줄기 경)'이 결합되어 방직기 사이로 실이 가볍게 지나가는 모습을 표현하면서 '가볍다'를 뜻하게 되었어요.

쓰는 순서 一 厂 厂 戶 百 亘 車 車 車 輕 輕 輕 輕 輕

輕	輕					
가벼울 경	가벼울 경					

2 '輕重'의 뜻으로 알맞은 것을 찾아 ○표 하세요.

가벼운 무게.

가벼움과 무거움.
또는 가볍고
무거운 정도.

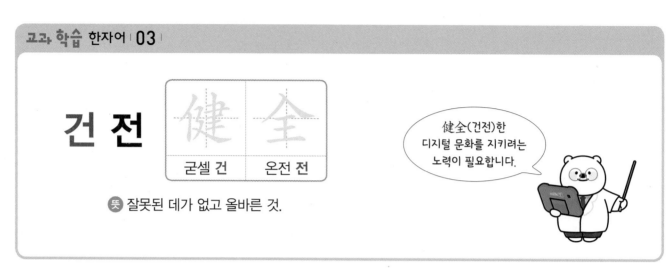

교과 학습 한자어 03

건 전

健	全
굳셀 건	온전 전

健全(건전)한
디지털 문화를 지키려는
노력이 필요합니다.

뜻 잘못된 데가 없고 올바른 것.

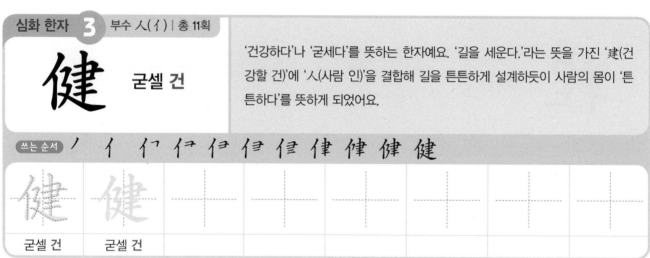

심화 한자 3 | 부수 人(亻) | 총 11획

健 굳셀 건

'건강하다'나 '굳세다'를 뜻하는 한자예요. '길을 세운다.'라는 뜻을 가진 '建(건강할 건)'에 '人(사람 인)'을 결합해 길을 튼튼하게 설계하듯이 사람의 몸이 '튼튼하다'를 뜻하게 되었어요.

쓰는 순서 ノ 亻 亻 亻 亻 亻 亻 律 律 健 健

健	健					
굳셀 건	굳셀 건					

3 다음 문장의 내용이 맞으면 '예', 틀리면 '아니요'에 ◯표 하세요.

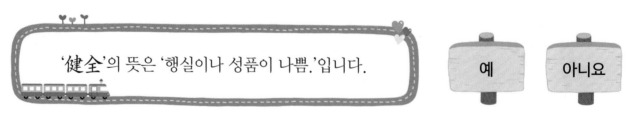

'健全'의 뜻은 '행실이나 성품이 나쁨.'입니다.

예　　　아니요

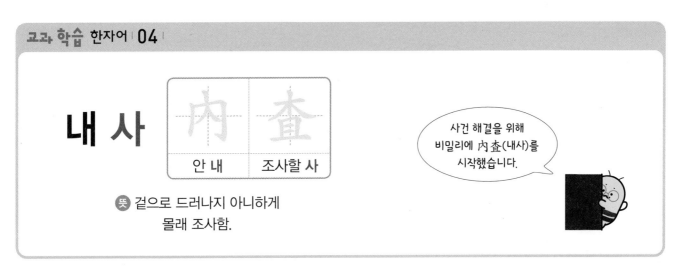

교과 학습 한자어 04

내 사 | 内 | 查 |
안 내 | 조사할 사 |

(뜻) 겉으로 드러나지 아니하게
몰래 조사함.

사건 해결을 위해
비밀리에 内查(내사)를
시작했습니다.

심화 한자 4 부수 木 | 총 9획

查 조사할 사

'조사하다'나 '사실 그대로'를 뜻하는 한자예요. 필요한 나무의 재목을 찾아 조사한다는 데서 '사실하다'라는 뜻을 가져요.

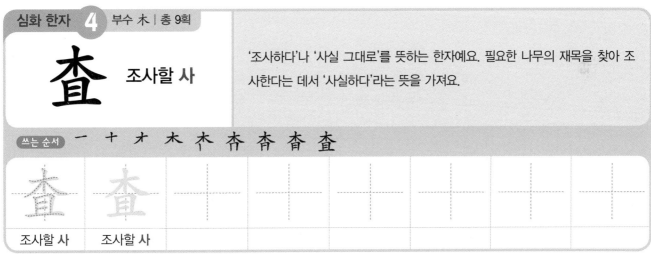

쓰는 순서 一 十 才 木 木 杏 杏 杏 査

査	査							
조사할 사	조사할 사							

4 다음 한자어에 해당하는 뜻을 찾아 ○표 하세요.

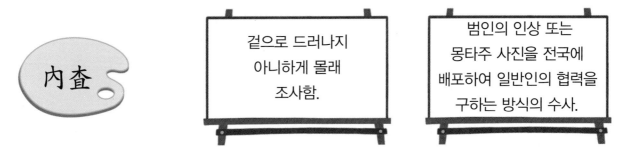

内查

겉으로 드러나지
아니하게 몰래
조사함.

범인의 인상 또는
몽타주 사진을 전국에
배포하여 일반인의 협력을
구하는 방식의 수사.

게티 이미지 뱅크

셔터스톡

픽사베이

* ( ) 안의 표기는 저작권자명임.

** 출처 표시를 안 한 사진 및 삽화 등은 발행사에서 저작권을 가지고 있는 경우임.

메모

모르는 문제는
확실하게
알고 가자!

정답과 부록

3단계 B 7급 ②

급수 한자 돌파 전략 ❶ 한자 기초 확인 **13, 15쪽**

급수 한자 돌파 전략 ❷ **16~17쪽**

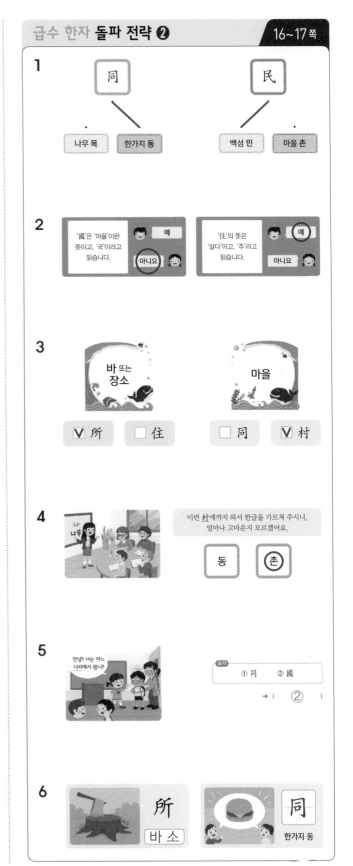

급수 한자 돌파 전략 ❶ 한자 기초 확인 19, 21쪽

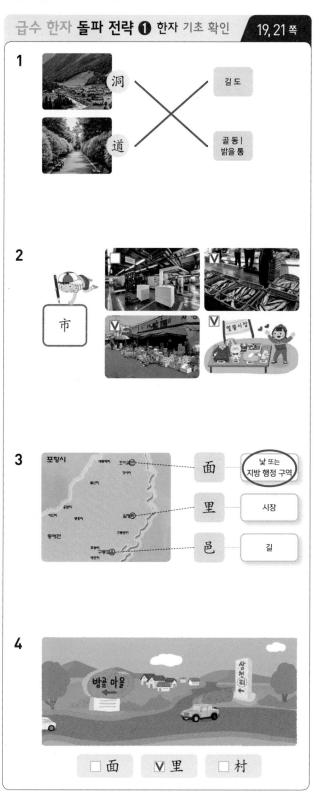

급수 한자 돌파 전략 ❷ 22~23쪽

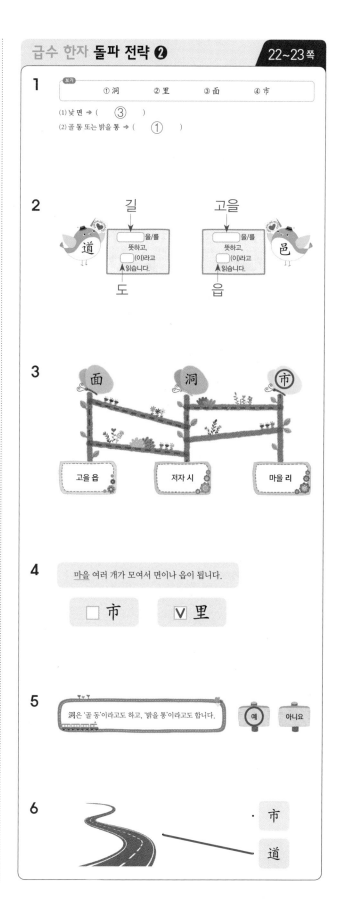

정답

급수 한자어 대표 전략 ❷   28~29쪽

1
'같은 학교를 나온 사람.'을 '同門(동문)'이라고 합니다.   **㉮ 예**
아니요

2
읍의 구역 안.

읍 내

3
산속에 있는 마을. ✕ 농촌
주민 대부분이 농사를 짓는 마을. 산촌

4

읍	농	촌
내	주	동
도	소	리

(주소 동그라미)

5
똑바로 마주 보이는 면.

강촌   **정면**

6
☑ 道   ☐ 洞

7

	❶시	장	
❷국	민		
		❸동	❹리(이)
			장

급수 시험 체크 전략 ❶   30~33쪽

필수 예제 01
(1) 이장   (2) 정면   (3) 강촌

필수 예제 02
(1) 저자 시   (2) 나라 국   (3) 길 도

필수 예제 03
(1) ④   (2) ②   (3) ③

필수 예제 04
(1) ②   (2) ④   (3) ③

급수 시험 체크 전략 ❷   34~35쪽

1 정면	2 차도
3 고을 읍	4 백성 민
5 ③	6 ②
7 ④	

누구나 **만점 전략**

01 ②

02 ①

03 산촌

04

주	시	농
소	내	촌
읍	국	민

(농촌 circled)

05 (1) 살 주　　　　(2) 마을 리

06 ①

07 ③

08 正　面

09 ②

10 ☑ 民　　☐ 所

창의·융합·코딩 **전략 ❶**

1 벚꽃길 13

2 자전거는 자전거 전용 도로가 따로 있어서 / 인도는 사람이 걸어다니고, 차도는 자동차가 다녀서

창의·융합·코딩 **전략 ❷**

1

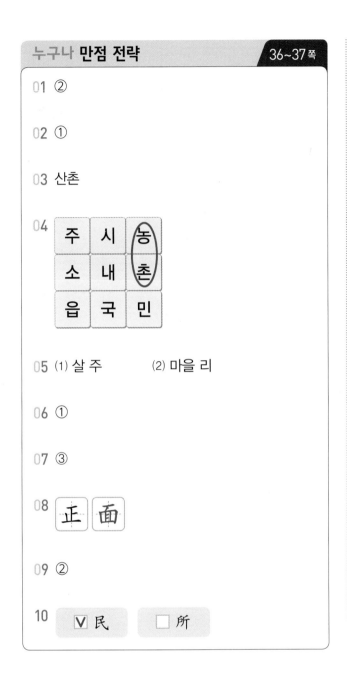

답 주 소

2

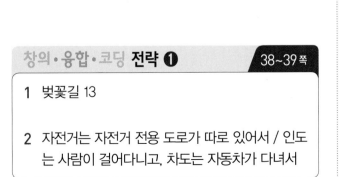

3

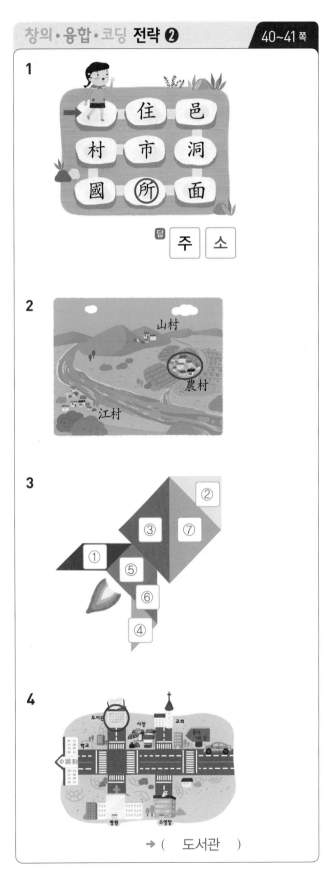

4

→ (도서관)

5 마을 촌

6 여러 가지 상품을 사고파는 곳을 (　　)이라고 합니다. (　　)은 파는 물건에 따라 여러 가지 이름으로 불립니다. 농촌에서 키운 채소나 곡식을 파는 농산물 (　　), 바다에서 잡은 생선을 파는 수산물 (　　), 꽃을 파는 화훼 (　　) 등이 있습니다.

☐ 山村　　☑ 市場　　☐ 國民

7 市 民

8
보내는 곳
전라북도 순창군 순창읍 순화리 20◇
⑤　②　①

받는 곳　천재인
서울특별시 금천구 가산동 20◇
④　③

1

手 — 손 수
登 — 오를 등
足 — 발 족

2 사람들이 물에 발을 담그고 있습니다. 수건으로 발을 닦는 사람도 있습니다.

登
手
足

3

4
話 — 노래 — 가
歌 — 말씀 — 화

급수 한자 돌파 전략 ❷ 50~51쪽

1

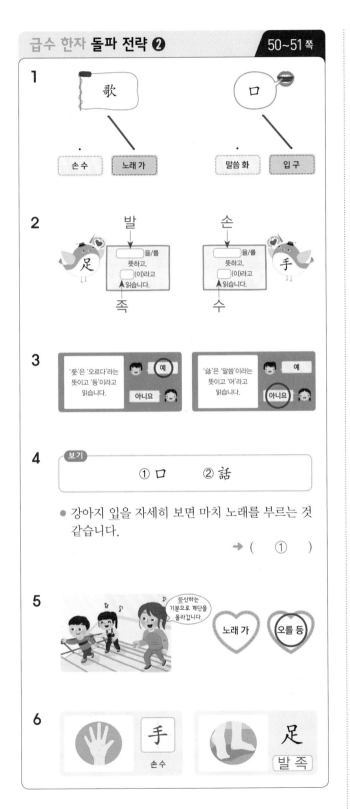

歌 → 노래 가

口 → 입 구

손 수 / 말씀 화

2

발
足 을/를 뜻하고, □(이)라고 읽습니다.
족

손
手 을/를 뜻하고, □(이)라고 읽습니다.
수

3

'登'은 '오르다'라는 뜻이고 '등'이라고 읽습니다. → **예**
아니요

'話'는 '말씀'이라는 뜻이고 '어'라고 읽습니다. 예
→ **아니요**

4

보기
① 口   ② 話

● 강아지 입을 자세히 보면 마치 노래를 부르는 것 같습니다.

→ (①)

5

登산하는 기분으로 계단을 올라갑니다.

노래 가 / **오를 등**

6

손 수 → 手

발 족 → 足

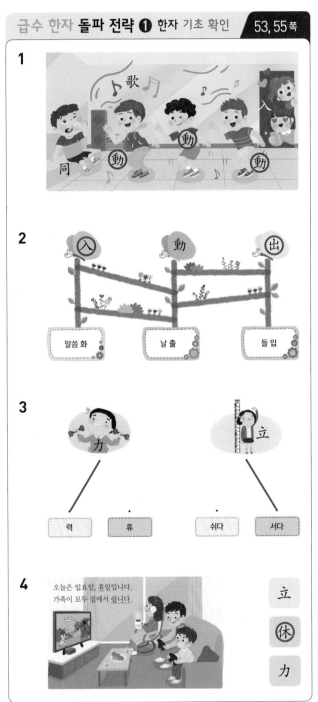

2주 02일

급수 한자 돌파 전략 ❶ 한자 기초 확인 53, 55쪽

1

歌 / 入 / 動 / 同 / 動 / 動

2

入 / 動 / 出

말씀 화 / 날 출 / 들 입

3

力 / 立

력 / **휴** / 쉬다 / **서다**

4

오늘은 일요일, 휴일입니다. 가족이 모두 집에서 쉽니다.

立 / **休** / 力

급수 한자 돌파 전략 ❷ 　　56~57쪽

1

우리는 動물이 아냐. 그래서 마음대로 움직일 수 없어.

식　동

2

'휴'라고 읽습니다.

'쉬다'라는 뜻으로 쓰입니다.

답 休

3 누구 힘이 센지 아빠랑 한번 겨뤄 볼까?

☑ 力　　□ 入

4

出

날 출

보기
① 入　② 休
③ 立　④ 力

→ (①)

5

動

力

→ (③)　　→ (②)

6

보기

入　　立　　足

● 로봇이 타 주는 커피를 마시려고 사람들이 줄을 서서 기다립니다.

답 立

2주 03일

급수 한자어 대표 전략 ❷ 　　62~63쪽

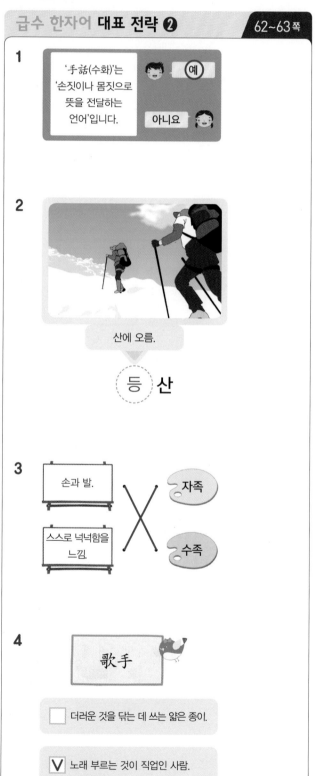

1

'手話(수화)'는 '손짓이나 몸짓으로 뜻을 전달하는 언어'입니다.

예

아니요

2

산에 오름.

등 산

3

손과 발.　　　　자족

스스로 넉넉함을 느낌.　　　수족

4

歌手

□ 더러운 것을 닦는 데 쓰는 얇은 종이.

☑ 노래 부르는 것이 직업인 사람.

5

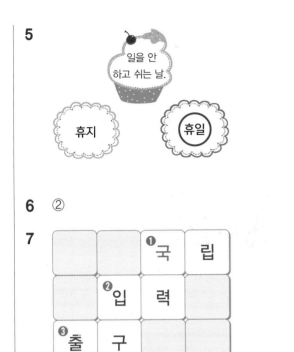

6 ②

7

		❶국	립
	❷입	력	
❸출	구		
입			

1 휴지

2 입구

3 설 립

4 ②

5 ③

6 ③

7 ③

2주 04일

필수 예제 01
(1) 입력   (2) 출동   (3) 휴지

필수 예제 02
(1) 설 립   (2) 움직일 동   (3) 오를 등

필수 예제 03
(1) ③   (2) ①   (3) ④

필수 예제 04
(1) ④   (2) ②   (3) ③

01 ①

02 ③

03 (1) 노래 가   (2) 설 립

04

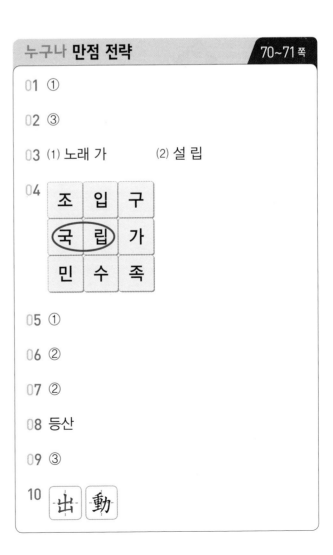

05 ①

06 ②

07 ②

08 등산

09 ③

10 | 出 | 動 |

정답

1 없으면 없는 대로, 있으면 있는 대로 스스로 넉넉하다고 느끼는 것

2 추석, 설날, 광복절, 개천절 등

1 쉴 휴

2
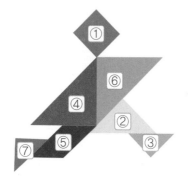

3

답 수 화

4 ☐ 國立   ☑ 登山   ☐ 出動

5 入 力

6

7 ㉠ 휴일   ㉡ 출동   ㉢ 입구   ㉣ 출입

8
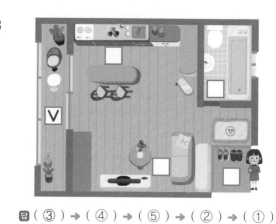

답 (③) → (④) → (⑤) → (②) → (①)

1 ❶ • 道 → (길 도)
　　 • 市 → (저자 시)

　　❷ ㉠ 國民 → (국민)
　　　 ㉡ 市民 → (시민)

2 ❶ ㉠ 邑 ㉡ 洞 ㉢ 面

❷ 里 長

3 ❶ ②

❷ • 우리 ☐☐은 엄마, 아빠, 나 이렇게 셋
　　입니다. ☐

　• 손이나 발이 지나치게 차가운 병을 ☐
　　☐냉증이라고 합니다. ☑

4 ❶ 出 口

❷ ④

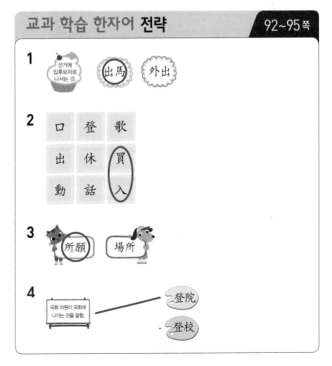

적중 예상 **전략** 2회　88~91쪽

01	등산	02	출입
03	말씀 화	04	노래 가
05	②	06	①
07	②	08	①
09	④	10	①
11	③	12	②
13	②	14	①
15	③	16	③

적중 예상 **전략** 1회　84~87쪽

01	산촌	02	농촌
03	마을 리	04	나라 국
05	①	06	②
07	②	08	①
09	①	10	③
11	③	12	①
13	②	14	③
15	④	16	③

교과 학습 한자어 **전략**　92~95쪽

1 선거에 입후자로 나서는 것 ── 出馬　外出

2
口　登　歌
出　休　⑭買
動　話　⑭入

3 所願　場所

4 국회 의원이 국회에 나가는 것을 말함. ── 登院
登校

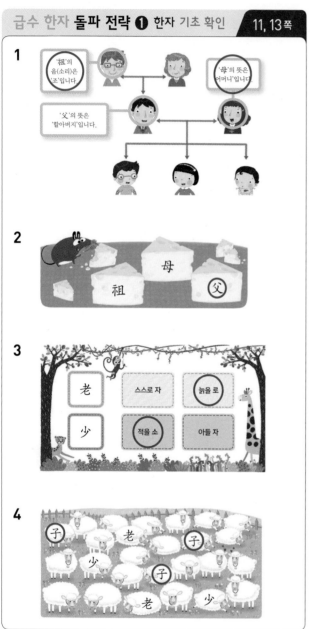

급수 한자 **돌파 전략 ❶** 한자 기초 확인 11, 13쪽

1

'祖'의 음(소리)은 '조'입니다.

'父'의 뜻은 '할아버지'입니다.

'母'의 뜻은 '어머니'입니다.

2

母 祖 父

3

老 스스로 자 늙을 로

少 적을 소 아들 자

4

子 老 子 少 子 老 少

급수 한자 **돌파 전략 ❷** 14~15쪽

1

父 —— 아버지 모

母 —— 어머니 부

2

'祖'의 음(소리)은 '조'입니다. 예 / 아니요

'子'의 뜻은 '할아버지'입니다. 예 / 아니요

3

老 늙을 로

母 어머니 모

4

우리 할아버지께서는 항상 웃는 얼굴로 인사를 받아 주십니다.

→ 祖

5

아들 老 V 子

적다 V 少 母

6

주말에 父모님과 바다에 다녀왔습니다.

조 부

1주 02일

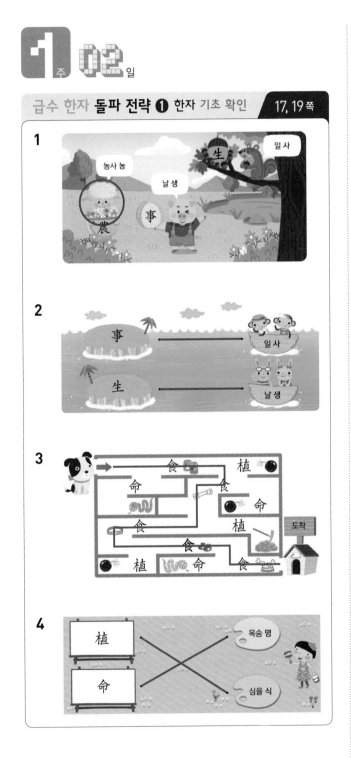

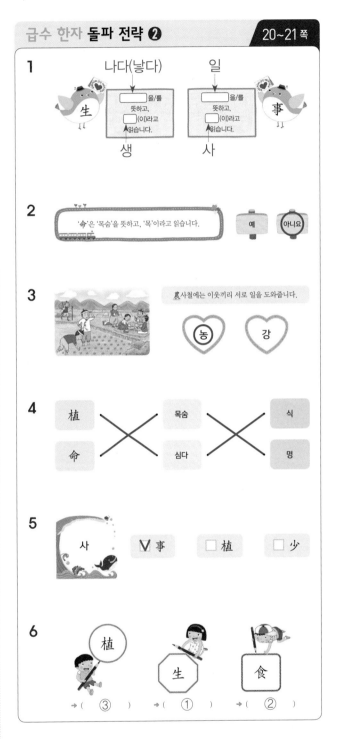

급수 한자어 대표 전략 ❷
26~27쪽

1

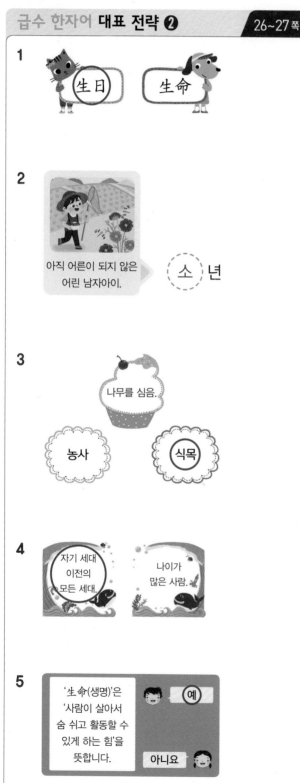

生日 ⭕ 生命

2

아직 어른이 되지 않은
어린 남자아이.
→ (소)년

3

나무를 심음.

농사   (식목)

4

자기 세대
이전의
모든 세대.

나이가
많은 사람.

5

'生命(생명)'은
'사람이 살아서
숨 쉬고 활동할 수
있게 하는 힘'을
뜻합니다.

[예]
아니요

6

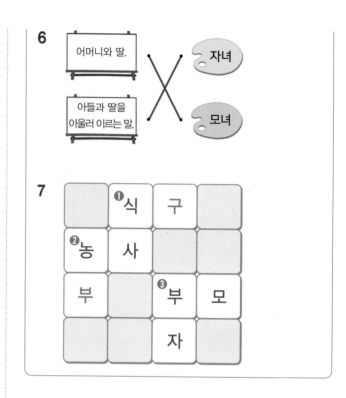

어머니와 딸. ╳ 자녀

아들과 딸을
아울러 이르는 말.   모녀

7

	❶식	구	
❷농	사		
부		❸부	모
		자	

급수 시험 체크 전략 ❶
28~31쪽

필수 예제 01

(1) 부모   (2) 노인   (3) 생명

필수 예제 02

(1) 심을 식   (2) 일 사   (3) 적을 소

필수 예제 03

(1) ③   (2) ④   (3) ①

필수 예제 04

(1) ②   (2) ①   (3) ④

급수 시험 체크 전략 ❷ 　32~33쪽

1 생일

2 식목

3 적을 소

4 ③

5 ④

6 ①

7 ③

누구나 만점 전략 　34~35쪽

01 소년

02 ②

03 (1) 날 생　　(2) 아들 자

04 □ 農　　☑ 食

05 ③

06 (1) 늙을 로　　(2) 농사 농

07 ①

08 ③

09 食 口

10 ②

창의·융합·코딩 전략 ❶ 　36~37쪽

1 식사

2 딸기, 쌀, 감자, 고구마 등

창의·융합·코딩 전략 ❷ 　38~41쪽

1

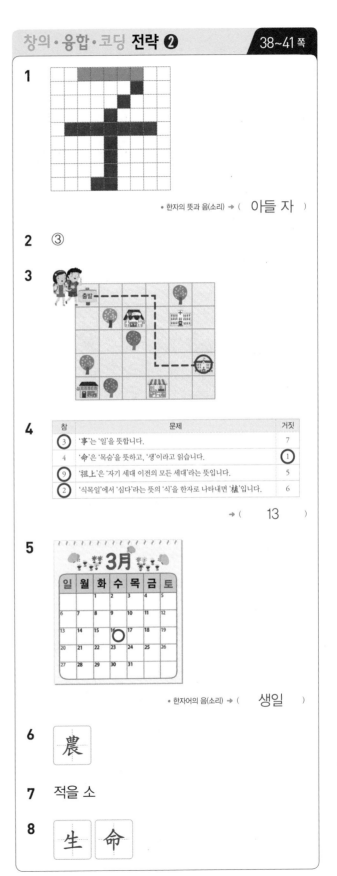

• 한자의 뜻과 음(소리) ➜ (아들 자)

2 ③

3

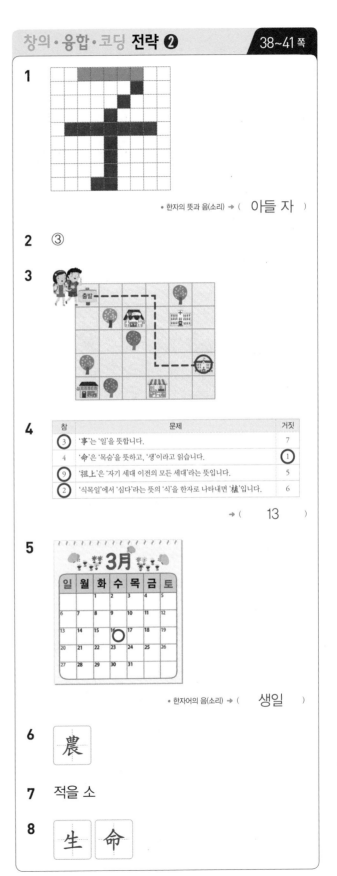

4

참	문제	거짓
③	'事'는 '일'을 뜻합니다.	7
4	'命'은 '목숨'을 뜻하고, '생'이라고 읽습니다.	①
⑨	'祖上'은 '자기 세대 이전의 모든 세대'라는 뜻입니다.	5
②	'식목일'에서 '심다'라는 뜻의 '식'을 한자로 나타내면 '植'입니다.	6

➜ (13)

5

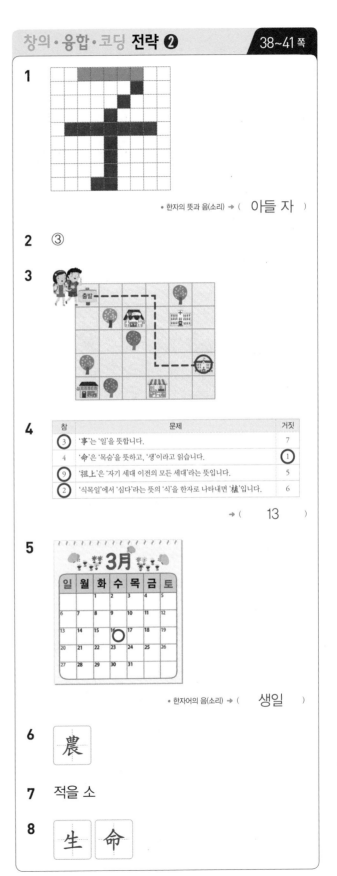

• 한자어의 음(소리) ➜ (생일)

6 農

7 적을 소

8 生 命

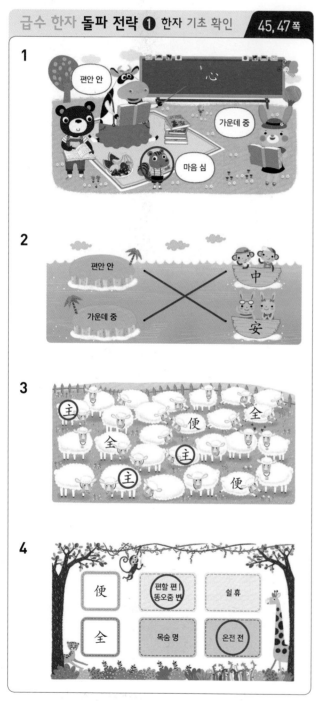

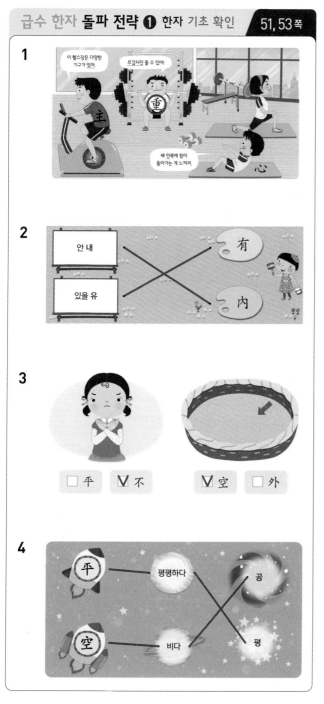

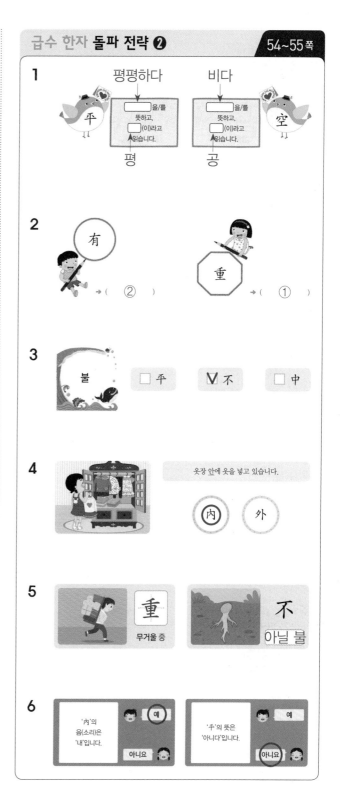

급수 한자어 대표 전략 ❷ 60~61쪽

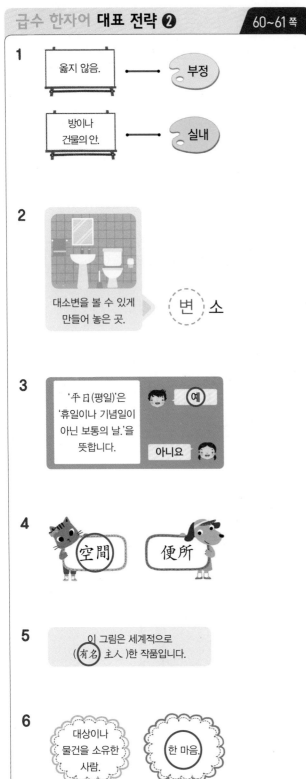

1

옳지 않음. ——— 부정

방이나 건물의 안. ——— 실내

2

대소변을 볼 수 있게 만들어 놓은 곳. ▶ (변) 소

3

'平日(평일)'은 '휴일이나 기념일이 아닌 보통의 날.'을 뜻합니다.

예 / 아니요

4

空間 / 便所

5

이 그림은 세계적으로 (有名 主人)한 작품입니다.

6

대상이나 물건을 소유한 사람. / 한 마음.

7

		❶중	립
	❷전	력	
❸불			❺편
평		❹문	안

급수 시험 체크 전략 ❶ 62~65쪽

필수 예제 01
(1) 중립 (2) 주인 (3) 공간

필수 예제 02
(1) 편할 편 또는 똥오줌 변
(2) 있을 유 (3) 온전 전

필수 예제 03
(1) ② (2) ④ (3) ①

필수 예제 04
(1) ③ (2) ② (3) ④

급수 시험 체크 전략 ❷　66~67쪽

1 전력

2 평일

3 임금 주 또는 주인 주

4 ②

5 ④

6 ③

7 ①

누구나 만점 전략　68~69쪽

01 ②

02 (1) 있을 유　　(2) 온전 전

03 ③

04 ①

05  室　內

06 ☑ 有　　☐ 重

07 ①

08 ③

09 ②

10 불평

창의·융합·코딩 전략 ❶　70~71쪽

1 공동의 목표를 바라보고 다 같이 협동하기 / 팀원이 모두 전력을 다하기

2 일요일

창의·융합·코딩 전략 ❷　72~75쪽

1

• 한자의 뜻과 음(소리) → (온전 전)

2　㉠ 전력　　　㉡ 부정

3　便　安　　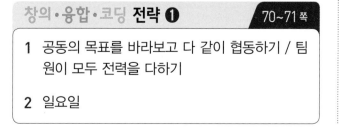

4

참	문제	거짓
⑤	'空'은 '비다'를 뜻하고, '공'이라고 읽습니다.	2
1	'主'은 '임금' 또는 '주인'을 뜻합니다.	③
⑧	'問安'은 '웃어른께 안부를 여쭌다'는 뜻입니다.	7

→ (10)

5　平

6

7　[♦ ▲ ♣ / 있 을 유] → 有

8　重　力

신유형·신경향·서술형 전략 78~81쪽

1 ❶ ㉠ 어머니 ㉡ 아버지 ㉢ 할아버지

母　父　祖

❷ ③

2 ❶ • ㉠ 農事 ➡ (　②　)

❷ • ㉡ 食事 ➡ (　식사　)
　• ㉢ 農夫 ➡ (　농부　)

3 ❶ 安, 便, 全

❷ 主

4 ❶ • ㉠ 안 ➡ (　③　)

❷ • ㉡ 空間 ➡ (　공간　)

적중 예상 전략 1회 82~85쪽

01 조상

02 식사

03 날 생

04 농사 농

05 ①

06 ②

07 ②

08 ①

09 ①

10 ②

11 ④

12 ①

13 ③

14 ②

15 ①

16 ③

적중 예상 **전략 2회** `86~89쪽`

01 유명

02 주인

03 아닐 불

04 마음 심

05 ②

06 ①

07 ①

08 ②

09 ②

10 ④

11 ③

12 ①

13 ②

14 ③

15 ④

16 ②

교과 학습 한자어 **전략** `90~93쪽`

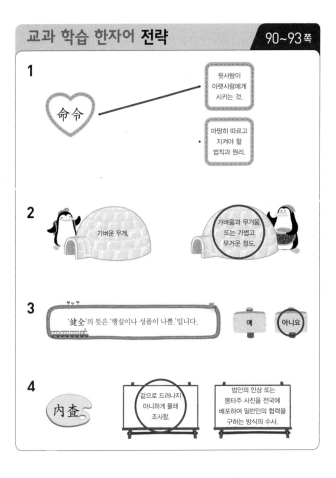

1

命令 ── 윗사람이 아랫사람에게 시키는 것.

· 마땅히 따르고 지켜야 할 법칙과 원리.

2

가벼운 무게.

가벼움과 무거움. 또는 가볍고 무거운 정도.

3

'健全'의 뜻은 '행실이나 성품이 나쁨.'입니다.

예 / 아니요

4

內査

겉으로 드러나지 아니하게 몰래 조사함.

범인의 인상 또는 몽타주 사진을 전국에 배포하여 일반인의 협력을 구하는 방식의 수사.

한자를 쓸 때는 지켜야 할 규칙이 있어요. 예로부터 한자를 쓸 때는 붓을 사용해 왔어요. 붓을 한 번 그은 선이나 점을 바로 획이라고 부르지요.

한자를 이루고 있는 획을 쓸 때 지키기로 약속한 순서가 바로 한자의 필순이에요.

위에서 아래로 써요.

一　二　三

왼쪽에서 오른쪽으로 써요.

丿　川　川

가로획과 세로획이 만날 때는 가로획을 먼저 써요.

一　十

좌우의 모양이 같을 때는 가운데를 먼저 써요.

亅　小　小

안쪽과 바깥쪽이 있을 때는 바깥쪽을 먼저 써요.

丨　冂　冂　四　四

글자 전체를 꿰뚫는 획은 나중에 써요.

丨　冂　口　中

삐침과 파임이 만날 때는 삐침을 먼저 써요.

丿　人

오른쪽 위의 점은 맨 나중에 써요.

一　二　式　三　式　式

받침은 맨 나중에 써요.

　　丿　斤　斤　近　近　近

부수는 한자를 모양대로 정리했을 때, 공통이 되는 부분을 말해요. 한자의 부수는 한자에서 놓이는 위치에 따라 각기 다른 이름으로 불려요.

변: 글자의 왼쪽 부분. ㉠ 晴

방: 글자의 오른쪽 부분. ㉠ 形

머리: 글자의 윗부분. ㉠ 花

발: 글자의 아랫부분. ㉠ 熱

받침: 글자의 왼쪽과 아래를 싸는 부분. ㉠ 道

엄: 글자의 왼쪽과 위를 싸는 부분. ㉠ 序

몸: 글자의 바깥 둘레를 싸는 부분. ㉠ 國, 問

제부수 : 글자 자체가 부수인 것. ㉠ 日

| 家 | 집 가 | ` ` 宀 宀 宁 宁 宇 家 家 家 |
| | 부수 宀 \| 총 10획 | 家 家 |

| 歌 | 노래 가 | 一 ㄱ 哥 哥 哥 哥 哥 哥 哥 哥 哥 歌 歌 歌 |
| | 부수 欠 \| 총 14획 | 歌 歌 |

| 間 | 사이 간 | 丨 丨 ㄇ ㄇ ㄇ ㄇ 門 門 門 門 間 間 間 |
| | 부수 門 \| 총 12획 | 間 間 |

| 江 | 강 강 | ` ` ` 氵 沅 江 江 |
| | 부수 水(氵) \| 총 6획 | 江 江 |

| 車 | 수레 거\| 수레 차 | 一 ㄱ 厂 厂 百 車 車 |
| | 부수 車 \| 총 7획 | 車 車 |

| 空 | 빌 공 | ` ` 宀 宀 宀 宂 空 空 |
| | 부수 穴 \| 총 8획 | 空 空 |

工 장인 공 부수 工 | 총 3획	ー丁工	
敎 가르칠 교 부수 攵(攴) | 총 11획	ノ メ メ 考 券 券 券 教 教 教 教	
校 학교 교 부수 木 | 총 10획	一 十 才 木 术 术 术 栌 栌 校	
九 아홉 구 부수 乙(乚) | 총 2획	ノ 九	
口 입 구 부수 口 | 총 3획	ㅣ 冂 口	
國 나라 국 부수 囗 | 총 11획	ㅣ 冂 冂 冃 同 同 同 國 國 國 國	

軍 군사 군 부수 車 | 총 9획	丶 冖 冖 冖 冒 宕 宕 軍 軍
金 쇠 금 | 성 김 부수 金 | 총 8획	ノ 人 ム 仝 仐 余 金 金
旗 기 기 부수 方 | 총 14획	丶 丶 亠 方 方 方 扩 斻 斻 旃 旌 旌 旗 旗
記 기록할 기 부수 言 | 총 10획	丶 亠 亖 言 言 言 記 記 記
氣 기운 기 부수 气 | 총 10획	ノ 丿 仁 气 气 气 氛 氛 氣 氣
男 사내 남 부수 田 | 총 7획	丶 冂 冂 田 田 甼 男

南	남녘 남	부수 十 | 총 9획
内	안 내	부수 入 | 총 4획
女	여자 녀	부수 女 | 총 3획
年	해 년	부수 干 | 총 6획
農	농사 농	부수 辰 | 총 13획
答	대답 답	부수 竹(艹) | 총 12획

大 큰 대 부수 大	총 3획	一 ナ 大					
		大	大				

道 길 도 부수 辵(辶)	총 13획	` ` `' `'' `' 产 芦 芦 首 首 首 诮 道 道					
		道	道				

冬 겨울 동 부수 冫	총 5획	' 夂 夂 冬 冬					
		冬	冬				

洞 골 동|밝을 통 부수 水(氵)	총 9획	` ` 冫 氵 氵 泂 洞 洞 洞					
		洞	洞				

東 동녘 동 부수 木	총 8획	一 丨 冂 冃 百 申 東 東					
		東	東				

動 움직일 동 부수 力	총 11획	' ' ' 亇 台 台 台 亩 重 重 動 動					
		動	動				

| 同 | 한가지 동 | 丨 冂 冂 同 同 同 |
| 부수 口 \| 총 6획 | | 同 同 |

| 登 | 오를 등 | 丿 フ ヲ ヺ ヺ ヺ 癶 癶 癶 癶 登 登 登 |
| 부수 癶 \| 총 12획 | | 登 登 |

| 來 | 올 래 | 一 厂 厂 刀 刃 來 來 來 |
| 부수 人 \| 총 8획 | | 來 來 |

| 力 | 힘 력 | フ 力 |
| 부수 力 \| 총 2획 | | 力 力 |

| 老 | 늙을 로 | 一 十 土 耂 耂 老 |
| 부수 老 \| 총 6획 | | 老 老 |

| 六 | 여섯 륙 | 丶 一 亠 六 |
| 부수 八 \| 총 4획 | | 六 六 |

里	마을 리	⟋ 冂 曱 日 旦 甲 里						
부수 里 │ 총 7획		里	里					

林	수풀 림	一 十 才 木 杧 枾 材 林						
부수 木 │ 총 8획		林	林					

立	설 립	⟋ 亠 六 宁 立						
부수 立 │ 총 5획		立	立					

萬	일만 만	一 十 卄 艹 艹 节 芦 苩 苩 萬 萬 萬 萬						
부수 艹(艹) │ 총 13획		萬	萬					

每	매양 매	⟋ 亇 仁 每 每 每 每						
부수 毋 │ 총 7획		每	每					

面	낯 면	一 亇 亣 冂 而 而 而 面 面						
부수 面 │ 총 9획		面	面					

| 命 | 목숨 명 | ノ 人 人 人 合 合 合 命 命 |
| 부수 口 \| 총 8획 | | 命 命 |

| 名 | 이름 명 | ノ ク タ タ 名 名 |
| 부수 口 \| 총 6획 | | 名 名 |

| 母 | 어머니 모 | ㄴ 口 口 母 母 |
| 부수 母 \| 총 5획 | | 母 母 |

| 木 | 나무 목 | 一 十 オ 木 |
| 부수 木 \| 총 4획 | | 木 木 |

| 文 | 글월 문 | 、 ㅗ ナ 文 |
| 부수 文 \| 총 4획 | | 文 文 |

| 門 | 문 문 | ㅣ �尸 ㄕ ㄕ 門 門 門 |
| 부수 門 \| 총 8획 | | 門 門 |

問	물을 문	丨 冂 冂 冃 冃 門 門 門 問 問 問
부수 口 | 총 11획		問 問

物	물건 물	丿 冫 牜 牛 牛 牞 物 物
부수 牛 | 총 8획		物 物

民	백성 민	乛 コ ㄹ 尸 民
부수 氏 | 총 5획		民 民

方	모 방	丶 一 方 方
부수 方 | 총 4획		方 方

百	일백 백	一 厂 厂 币 百 百
부수 白 | 총 6획		百 百

白	흰 백	丿 丿 白 白 白
부수 白 | 총 5획		白 白

| 夫 | 지아비 부 | 一 二 ナ 夫 |
| 부수 大 \| 총 4획 | | 夫 夫 |

| 父 | 아버지 부 | ノ ハ グ 父 |
| 부수 父 \| 총 4획 | | 父 父 |

| 北 | 북녘 북 \| 달아날 배 | 丨 丨 ϳ 扌 北 |
| 부수 匕 \| 총 5획 | | 北 北 |

| 不 | 아닐 불 | 一 ⻊ 厂 不 |
| 부수 不 \| 총 4획 | | 不 不 |

| 四 | 넉 사 | 丨 冂 冂 四 四 |
| 부수 囗 \| 총 5획 | | 四 四 |

| 事 | 일 사 | 一 ⻊ 冂 冂 马 马 马 事 |
| 부수 亅 \| 총 8획 | | 事 事 |

算 셈 산
부수 竹(⺮) | 총 14획
丿 ⺊ ⺮ ⺮ 竺 竺 竺 竿 竿 笪 笪 笪 算 算
算 算

山 메 산
부수 山 | 총 3획
丨 凵 山
山 山

三 석 삼
부수 一 | 총 3획
一 二 三
三 三

上 윗 상
부수 一 | 총 3획
丨 卜 上
上 上

色 빛 색
부수 色 | 총 6획
丿 ⺈ ⺈ 午 刍 色
色 色

生 날 생
부수 生 | 총 5획
丿 ⺀ ⺀ 牛 生
生 生

西	서녘 서	一	冂	厅	两	西	西		
부수 襾 | 총 6획		西	西						

夕	저녁 석	ノ	ク	夕					
부수 夕 | 총 3획		夕	夕						

先	먼저 선	ノ	卜	生	牛	先			
부수 儿 | 총 6획		先	先						

姓	성 성	く	女	女	女	妙	姓	姓	姓
부수 女 | 총 8획		姓	姓						

世	인간 세	一	十	廿	丗	世			
부수 一 | 총 5획		世	世						

所	바 소	ノ	丂	亐	戸	户	所	所	所
부수 戸 | 총 8획		所	所						

小 작을 소 부수 小 | 총 3획	亅 亅 小 小 小
少 적을 소 부수 小 | 총 4획	亅 亅 小 少 少 少
手 손 수 부수 手 | 총 4획	´ ´ 三 手 手 手
數 셈 수 부수 攵(攴) | 총 15획	丶 冂 冎 冎 冎 冐 冎 曲 婁 婁 婁 婁 數 數 數 數 數
水 물 수 부수 水 | 총 4획	亅 亅 水 水 水 水
時 때 시 부수 日 | 총 10획	丨 冂 冂 日 日 旷 旷 旷 時 時 時 時

市 저자 시 부수 巾 | 총 5획	` 亠 广 方 市
食 밥 / 먹을 식 부수 食 | 총 9획	ノ 人 𠆢 今 今 𠆢 食 食 食
植 심을 식 부수 木 | 총 12획	一 十 才 木 村 村 柿 柿 植 植
室 집 실 부수 宀 | 총 9획	` 丷 广 宀 宁 宏 宏 宰 室
心 마음 심 부수 心 | 총 4획	` 心 心 心
十 열 십 부수 十 | 총 2획	一 十

安 편안 안 부수 宀 | 총 6획	丶 丶 宀 灾 安 安
語 말씀 어 부수 言 | 총 14획	丶 丶 亠 亖 亖 言 言 言 訂 訂 語 語 語 語
然 그럴 연 부수 火(灬) | 총 12획	丿 夕 夕 夕 夕 妷 妷 妷 妷 然 然
午 낮 오 부수 十 | 총 4획	丿 一 二 午
五 다섯 오 부수 二 | 총 4획	一 丁 五 五
王 임금 왕 부수 玉(王) | 총 4획	一 二 干 王

| 外 | 바깥 외 | ノ ク タ 외 外 |
| 부수 夕 \| 총 5획 | | 外 外 |

| 右 | 오를 / 오른(쪽) 우 | ノ ナ オ 右 右 |
| 부수 口 \| 총 5획 | | 右 右 |

| 月 | 달 월 | ノ 刀 月 月 |
| 부수 月 \| 총 4획 | | 月 月 |

| 有 | 있을 유 | ノ ナ オ 冇 有 有 |
| 부수 月 \| 총 6획 | | 有 有 |

| 育 | 기를 육 | 、 亠 云 云 产 育 育 育 |
| 부수 肉(月) \| 총 8획 | | 育 育 |

| 邑 | 고을 읍 | 丨 口 口 马 吊 品 邑 |
| 부수 邑 \| 총 7획 | | 邑 邑 |

二 두 이
부수 二 | 총 2획
一 二

人 사람 인
부수 人 | 총 2획
ノ 人

一 한 일
부수 一 | 총 1획
一

日 날 일
부수 日 | 총 4획
丨 冂 冃 日

入 들 입
부수 入 | 총 2획
ノ 入

字 글자 자
부수 子 | 총 6획
丶 丷 宀 宇 宁 字

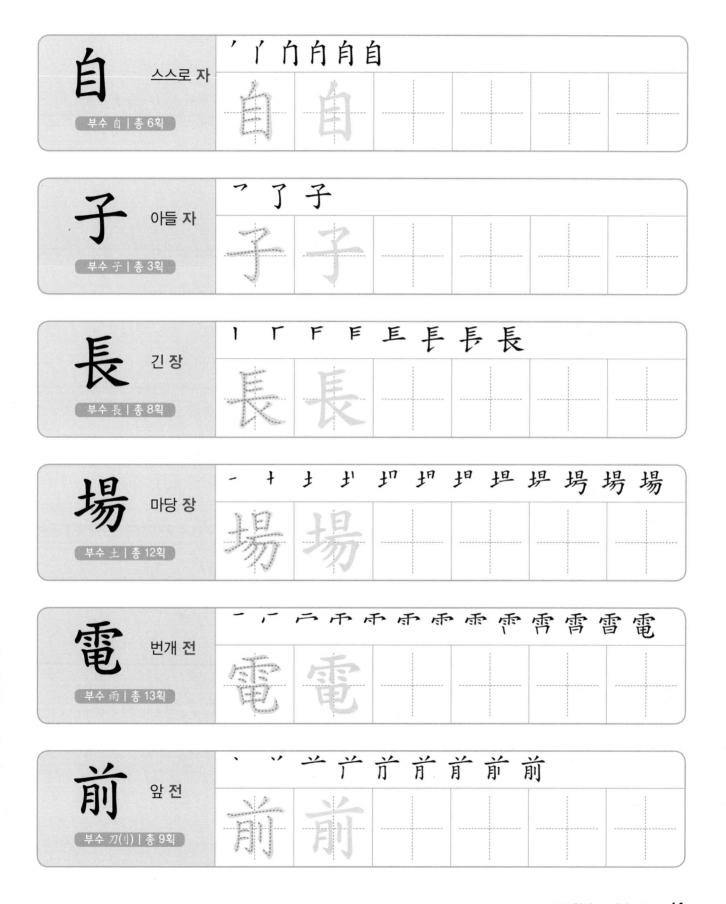

| 自 | 스스로 자 | ´ ⺁ ⺁ ⺁ 自 自 |
| 부수 自 \| 총 6획 | | 自 自 |

| 子 | 아들 자 | ⺈ ⺃ 子 |
| 부수 子 \| 총 3획 | | 子 子 |

| 長 | 긴 장 | ⼁ ⼁ ⼁ ⺂ ⺂ 丐 長 長 長 |
| 부수 長 \| 총 8획 | | 長 長 |

| 場 | 마당 장 | 一 ⼗ ⼟ ⼟ ⼟ ⼟ 坍 埸 場 場 |
| 부수 土 \| 총 12획 | | 場 場 |

| 電 | 번개 전 | ` ⼂ ⼆ ⼾ 雨 雨 雨 雪 雪 雷 雷 雷 電 |
| 부수 雨 \| 총 13획 | | 電 電 |

| 前 | 앞 전 | ` ⼆ ⼆ ⺌ ⼴ 前 前 前 前 |
| 부수 刀(刂) \| 총 9획 | | 前 前 |

全	온전 전	ノ 入 人 仝 仐 全 全
부수 入 | 총 6획		全　全

正	바를 정	一 丁 下 正 正
부수 止 | 총 5획		正　正

弟	아우 제	丶 丷 丷 弟 弟 弟 弟
부수 弓 | 총 7획		弟　弟

祖	할아버지 조	一 ニ テ ネ ネ ネ 初 初 祖 祖
부수 示 | 총 10획		祖　祖

足	발 족	丶 ロ ロ 무 무 足 足
부수 足 | 총 7획		足　足

左	왼 좌	一 ナ ナ 左 左
부수 工 | 총 5획		左　左

主	임금 / 주인 주	`　　丶　　二　　宇　　主
부수 丶 | 총 5획		主　主

住	살 주	ノ　イ　イ　イ　仁　住　住
부수 人(亻) | 총 7획		住　住

中	가운데 중	丶　丨　口　口　中
부수 丨 | 총 4획		中　中

重	무거울 중	丿　一　二　千　台　百　盲　重　重
부수 里 | 총 9획		重　重

地	땅 지	一　十　土　圠　地　地
부수 土 | 총 6획		地　地

紙	종이 지	丶　彡　幺　糸　糸　糸　糽　紅　紙　紙
부수 糸 | 총 10획		紙　紙

直 곧을 직 부수 目 | 총 8획	一 十 广 古 古 青 直 直					
	直	直				

川 내 천 부수 巛 | 총 3획	ノ 丿 川					
	川	川				

千 일천 천 부수 十 | 총 3획	ノ 二 千					
	千	千				

天 하늘 천 부수 大 | 총 4획	一 二 于 天					
	天	天				

靑 푸를 청 부수 靑 | 총 8획	一 二 キ 主 青 青 青 青					
	靑	靑				

草 풀 초 부수 艸(⺾) | 총 10획	一 十 土 艹 艹 节 苩 苩 苩 草					
	草	草				

寸	마디 촌	一 十 寸
부수 寸 | 총 3획		寸 寸

村	마을 촌	一 十 才 木 村 村 村
부수 木 | 총 7획		村 村

秋	가을 추	一 二 千 禾 禾 禾 秒 秋 秋
부수 禾 | 총 9획		秋 秋

春	봄 춘	一 二 三 丰 夫 表 春 春 春
부수 日 | 총 9획		春 春

出	날 출	丨 十 屮 出 出
부수 凵 | 총 5획		出 出

七	일곱 칠	一 七
부수 一 | 총 2획		七 七

土 흙 토 부수 土 | 총 3획	一 十 土 土 土
八 여덟 팔 부수 八 | 총 2획	ノ 八 八 八
便 편할 편 | 똥오줌 변 부수 人(亻) | 총 9획	ノ イ 亻 亻 佰 佰 佰 便 便 便 便
平 평평할 평 부수 干 | 총 5획	一 二 丆 五 平 平 平
下 아래 하 부수 一 | 총 3획	一 丁 下 下 下
夏 여름 하 부수 夂 | 총 10획	一 丆 丆 丆 丙 百 百 頁 夏 夏 夏 夏

學 배울 학 부수 子 | 총 16획	` ´ ´ ´ ˝ ˝ ˝ ˝ ˝ ˝ ˝ ˝ ˝ ˝ ˝ ˝ ˝ 與 學 學
	學 學

韓 한국 / 나라 한 부수 韋 | 총 17획	一 十 十 古 吉 吉 直 卓 卓 卓 軡 軡 軡 韓 韓 韓 韓
	韓 韓

漢 한수 / 한나라 한 부수 水(氵) | 총 14획	` ` ` 氵 氵 汴 汴 汴 汫 漭 漭 漢 漢 漢
	漢 漢

海 바다 해 부수 水(氵) | 총 10획	` ` ` 氵 氵 汇 海 海 海 海
	海 海

兄 형 형 부수 儿 | 총 5획	` ⺃ 口 口 尸 兄
	兄 兄

花 꽃 화 부수 艸(⺾) | 총 8획	一 十 艹 艹 艻 花 花 花
	花 花

話 말씀 화 부수 言 | 총 13획	` ` ` ` ` ` ` ` ` ` ` ` ` ` ` ` ` 話 話					
火 불 화 부수 火 | 총 4획	` ` ` ` ` ` 火 火					
活 살 활 부수 水(氵) | 총 9획	` ` ` ` ` ` ` ` ` 活 活					
孝 효도 효 부수 子 | 총 7획	` ` ` ` ` ` ` 孝 孝					
後 뒤 후 부수 彳 | 총 9획	` ` ` ` ` ` ` ` ` 後 後					
休 쉴 휴 부수 人(亻) | 총 6획	` ` ` ` ` ` 休 休					

한자능력검정시험 7급 모의평가 문제지

7級	*** 7級과 7級Ⅱ는 서로 다른 급수입니다. 반드시 지원 급수를 다시 확인하세요. ***		
	70문항	50분 시험	시험일자 : 20○○. ○○. ○○
	* 성명과 수험번호를 쓰고 문제지와 답안지는 함께 제출하세요.		
	성명_____	수험번호 □□□ - □□ - □□□□	

[문제 1~32] 다음 밑줄 친 漢字語의 音(음: 소리)을 쓰세요.

┌─────〈보기〉─────┐
│ 漢字 ➡ 한자 │
└──────────────┘

[1] 전염병이 퍼져서 임시 休校를 하였습니다.

[2] 일요일 午前에 온 가족이 대청소를 하였습니다.

[3] 外出했다가 돌아오면 손부터 씻습니다.

[4] 여기서 每年 큰 축제가 열린다고 합니다.

[5] 아저씨께서는 조그마한 農場을 돌보고 계십니다.

[6] 不平한다고 일이 해결되는 것은 아닙니다.

[7] 할아버지께서는 지금도 수학을 算數라고 말씀하십니다.

[8] 경로석은 老人을 위해 마련한 자리입니다.

[9] 미세먼지 때문에 空氣가 많이 오염되었습니다.

[10] 해돋이 감상은 東海가 아닌 곳에서도 할 수 있습니다.

[11] 旗手가 맨 앞에 서서 입장합니다.

[12] 어르신께 올해 春秋를 여쭤보았습니다.

[13] 울릉도에는 희귀 植物이 많이 자라고 있습니다.

[14] 독일은 원래 동서로 분단된 國家였습니다.

[15] 한글은 세계적으로 우수성을 인정받은 文字입니다.

[16] 서울 시내 한가운데로 漢江이 흐릅니다.

[17] 여름이면 電力 사용량이 크게 늘어납니다.

[18] 봄과 가을은 登山하기 좋은 계절입니다.

〈계속〉

[19] 잘못을 <u>正直</u>하게 말씀드리고 용서를 구했습니다.

[20] <u>天地</u>를 분간하기 어려울 정도로 눈이 많이 쌓였습니다.

[21] 친구가 발표하는 <u>中間</u>에 질문하지 않도록 합니다.

[22] 놀이 기구를 탈 때는 <u>安全</u> 수칙을 잘 지켜야 합니다.

[23] <u>車道</u>를 함부로 건너면 안 됩니다.

[24] <u>里長</u>님께서 마을 구석구석을 소개해 주셨습니다.

[25] 내가 <u>自立</u>할 때까지 부모님께서 돌봐 주신다고 합니다.

[26] 친구와 약속 <u>場所</u>를 정했습니다.

[27] 설날에 <u>祖上</u>님께 차례를 지냅니다.

[28] 영화를 보고 누리집에 <u>後記</u>를 남겼습니다.

[29] 선생님께서는 아직 <u>子女</u>가 없다고 하십니다.

[30] 차가 <u>入口</u>를 막고 있어서 들어갈 수 없습니다.

[31] 마당에 여러 종류의 <u>花草</u>를 심었습니다.

[32] 이 차를 움직이는 <u>動力</u>은 태양열입니다.

[문제 33~34] 다음 밑줄 친 漢字語를 〈보기〉에서 찾아 그 번호를 쓰세요.

〈보기〉
① 生水 ② 食事 ③ 生命 ④ 食口

[33] 당신은 제 <u>생명</u>의 은인이십니다.

[34] 12시부터 점심 <u>식사</u>가 시작됩니다.

[문제 35~54] 다음 漢字의 訓(훈: 뜻)과 音(음: 소리)을 쓰세요.

〈보기〉
字 ➡ 글자 자

[35] 百

[36] 江

[37] 名

[38] 時

〈계속〉

자르는 선

[39] 色

[40] 工

[41] 村

[42] 孝

[43] 同

[44] 夕

[45] 少

[46] 有

[47] 重

[48] 紙

[49] 面

[50] 千

[51] 歌

[52] 市

[53] 足

[54] 姓

[문제 55~64] 다음 訓(훈: 뜻)과 音(음: 소리)에 맞는 漢字를 〈보기〉에서 찾아 그 번호를 쓰세요.

〈보기〉
① 住 ② 事 ③ 來 ④ 世
⑤ 然 ⑥ 川 ⑦ 左 ⑧ 方
⑨ 男 ⑩ 邑

[55] 그럴 연

[56] 모 방

[57] 인간 세

[58] 왼 좌

[59] 일 사

[60] 사내 남

[61] 올 래

[62] 살 주

[63] 내 천

[64] 고을 읍

〈계속〉

자르는 선

[문제 65~66] 다음 漢字의 상대 또는 반대되는 漢字를 〈보기〉에서 골라 그 번호를 쓰세요.

〈보기〉
① 動　② 前　③ 全　④ 冬

[65] (　　) ↔ 後

[66] 夏 ↔ (　　)

[문제 67~68] 다음 뜻에 맞는 漢字語를 〈보기〉에서 찾아 그 번호를 쓰세요.

〈보기〉
① 育林　② 孝道
③ 便所　④ 問答

[67] 서로 묻고 대답함.

[68] 나무를 심거나 씨를 뿌려 가꾸는 일.

[문제 69~70] 다음 漢字의 진하게 표시한 획은 몇 번째 쓰는지 〈보기〉에서 찾아 그 번호를 쓰세요.

〈보기〉
① 첫 번째　② 두 번째
③ 세 번째　④ 네 번째
⑤ 다섯 번째　⑥ 여섯 번째
⑦ 일곱 번째　⑧ 여덟 번째
⑨ 아홉 번째　⑩ 열 번째

[69]

[70]

※ 수고하셨습니다.

〈끝〉

자르는 선

수험번호 □□□-□□-□□□□ **성명** □□□□□

생년월일 □□□□□□

※ 유성 사인펜, 붉은색 필기구 사용 불가.

※ 답안지는 컴퓨터로 처리되므로 구기거나 더럽히지 마시고, 정답 칸 안에만 쓰십시오. 글씨가 채점란으로 들어오면 오답 처리가 됩니다.

한자능력검정시험 7급 모의평가 답안지(1)

번호	정답	1검	2검	번호	정답	1검	2검	번호	정답	1검	2검
1				12				23			
2				13				24			
3				14				25			
4				15				26			
5				16				27			
6				17				28			
7				18				29			
8				19				30			
9				20				31			
10				21				32			
11				22				33			

답안란 / 채점란

감독위원	채점위원(1)		채점위원(2)		채점위원(3)	
(서명)	(득점)	(서명)	(득점)	(서명)	(득점)	(서명)

※ 뒷면으로 이어짐

자르는 선

한자능력검정시험 7급 모의평가 답안지(2)

번호	정답	1검	2검	번호	정답	1검	2검	번호	정답	1검	2검
34				47				60			
35				48				61			
36				49				62			
37				50				63			
38				51				64			
39				52				65			
40				53				66			
41				54				67			
42				55				68			
43				56				69			
44				57				70			
45				58							
46				59							

답안란 / 채점란

[한자능력검정시험 7급 모의평가 정답]

수험번호 ☐☐☐-☐☐-☐☐☐☐ **성명** ☐☐☐☐

생년월일 ☐☐☐☐☐☐

※ 유성 사인펜, 붉은색 필기구 사용 불가.

※ 답안지는 컴퓨터로 처리되므로 구기거나 더럽히지 마시고, 정답 칸 안에만 쓰십시오. 글씨가 채점란으로 들어오면 오답 처리가 됩니다.

한자능력검정시험 7급 모의평가 답안지(1)

번호	정답	1검	2검	번호	정답	1검	2검	번호	정답	1검	2검
1	휴교			12	춘추			23	차도		
2	오전			13	식물			24	이장		
3	외출			14	국가			25	자립		
4	매년			15	문자			26	장소		
5	농장			16	한강			27	조상		
6	불평			17	전력			28	후기		
7	산수			18	등산			29	자녀		
8	노인			19	정직			30	입구		
9	공기			20	천지			31	화초		
10	동해			21	중간			32	동력		
11	기수			22	안전			33	③ 生命		

감독위원	채점위원(1)		채점위원(2)		채점위원(3)	
(서명)	(득점)	(서명)	(득점)	(서명)	(득점)	(서명)

※ 뒷면으로 이어짐

◀ 자르는 선

한자능력검정시험 7급 모의평가 답안지(2)

번호	정답	1검	2검	번호	정답	1검	2검	번호	정답	1검	2검
34	② 食事			47	무거울 중			60	⑨ 男		
35	일백 백			48	종이 지			61	③ 來		
36	강 강			49	낯 면			62	① 住		
37	이름 명			50	일천 천			63	⑥ 川		
38	때 시			51	노래 가			64	⑩ 邑		
39	빛 색			52	저자 시			65	② 前		
40	장인 공			53	발 족			66	④ 冬		
41	마을 촌			54	성 성			67	④ 問答		
42	효도 효			55	⑤ 然			68	① 育林		
43	한가지 동			56	⑧ 方			69	③		
44	저녁 석			57	④ 世			70	④		
45	적을 소			58	⑦ 左						
46	있을 유			59	② 事						

문제 읽을 준비는
저절로 되지 않습니다.

문해력을 키우는 시간

하루 10분

똑똑한 하루 국어 시리즈

문제풀이의 핵심, 문해력을 키우는 승부수

예비초~초6 각A·B
교재별14권

예비초A·B, 초1~초6: 1A~4C
총 14권

정답은
이안에
있어！

수학 전문 교재

- ●연산 학습
  - **빅터연산**   예비초~6학년, 총 20권
  - **창의융합 빅터연산**   예비초~4학년, 총 16권

- ●개념 학습
  - **개념클릭 해법수학**   1~6학년, 학기용

- ●수준별 수학 전문서
  - **해결의법칙(개념/유형/응용)**   1~6학년, 학기용

- ●단원평가 대비
  - **수학 단원평가**   1~6학년, 학기용

- ●단기완성 학습
  - **초등 수학전략**   1~6학년, 학기용

- ●상위권 학습
  - **최고수준 S 수학**   1~6학년, 학기용
  - **최고수준 수학**   1~6학년, 학기용
  - **최강 TOT 수학**   1~6학년, 학년용

- ●경시대회 대비
  - **해법 수학경시대회 기출문제**   1~6학년, 학기용

예비 중등 교재

- ●**해법 반편성 배치고사 예상문제**   6학년
- ●**해법 신입생 시리즈(수학/영어)**   6학년

맞춤형 학교 시험대비 교재

- ●**열공 전과목 단원평가**   1~6학년, 학기용(1학기 2~6년)

한자 교재

- ●**한자능력검정시험 자격증 한번에 따기**   8~3급, 총 9권
- ●**씽씽 한자 자격시험**   8~5급, 총 4권
- ●**한자 전략**   8~5급Ⅱ, 총 12권

똑똑한 하루 한자

예비초 A, B

1단계 A, B, C

2단계 A, B, C

3단계 A, B, C

4단계 A, B, C

(사)한자교육진흥회 주관 한자실력급수 자격시험 대비

씽씽 한자 자격시험

- 권장 학년: [8급] 초등 1학년 [7급] 초등 2,3학년
  [6급] 초등 4,5학년 [5급] 초등 6학년

(사)한국어문회 주관 한자능력검정시험 대비

자격증 한번에 따기

- 권장 학년: 초등 1학년
- 권장 학년: 초등 2,3학년
- 권장 학년: 초등 4,5학년

- 권장 학년: 초등 6학년
- 권장 학년: 중학생
- 권장 학년: 고등학생